Investissement immobilier

Générer des revenus complémentaires avec l'immobilier, maintenant et pas dans 20 ans

Table des matières

Avant propos	4
I. COMPRENDRE	8
Comment ça marche ?	8
Les bases du système	25
Tout le monde peut le faire ?	40
Mythes immobiliers	59
Le cash flow	64
Stratégie personnelle	74
II. APPRENDRE	83
L'épargne	83
Actifs / passifs	95
Mieux gérer ses dépenses-faire plus avec moins	105
Choisir les biens	117
Ne pas se tromper	137
Agir comme un robot	149
Faire une offre et négocier	161
Peur de se lancer ?	184
Qu'est-ce qu'un bon investissement ?	194
III. APPLIQUER	210
Les travaux, s'enrichir dans la poussière...	210
Mettre en location	223
Gérer ses locations dans le temps	245
Changement de locataires	252
Enchainer les biens	260
Evaluer son patrimoine et arbitrer	271
Retourner voir la banque, racheter, profiter	276
Merci papy	292
Après propos	295

Avant-propos

Je m'appelle Tony BONTANT, j'ai 26 ans et aujourd'hui je ne me sens plus obliger de travailler pour gagner ma vie.

Bizarrement, j'ai toujours été passionné par les finances et l'immobilier. Petit déjà, j'admirais les grands hommes d'affaires et m'imaginais plus tard jouer moi aussi ma partie de Monopoly grandeur nature...

C'est ce qui est en train de se passer aujourd'hui ! J'ai maintenant la chance de vivre de ma passion. Je dirige plusieurs petites entreprises et bien sur l'immobilier ! Il est la base de mon chemin et LE levier qui m'a permis d'atteindre tout le reste.

Ce livre condense les bases de la méthode que j'ai utilisée – et que j'utilise encore – pour me constituer un patrimoine solide avec l'immobilier.

J'ai arrêté mes études après 2 tentatives d'études supérieures ratées, je n'ai donc que le bac. Parti de rien et sans formation particulière, j'étais déjà pressé de passer à l'action et déterminé à commencer à gagner de l'argent rapidement !

J'ai commencé à investir en 2016. À l'époque encore salarié, je rêvais déjà de liberté et d'entreprise. À force de travail (et d'erreurs), je me fabriquais tant bien que mal mon expertise de terrain... Au fur et à mesure de mes affaires, je découvrais un monde rempli de possibilités !

Les années ont passé, mon parcours s'est étoffé... Ma soif d'apprendre m'a poussé à toucher à tout : location vide, meublée, colocation... Mais aussi les ventes aux enchères, la rénovation, etc...

J'ai fait beaucoup de travaux moi-même. Beaucoup de débrouille avant de comprendre le système plus profondément et de passer à la délégation partielle, puis totale. Un beau jour, j'ai pu dire au revoir à mon employeur pour sauter le pas et enfin vivre de ma passion. Au fil du temps, l'immobilier est devenu pour moi une entreprise comme une autre.

Ce qui me choque aujourd'hui, c'est de voir à quel point les convictions négatives autour de l'immobilier sont ancrées dans la croyance populaire.

«C'est pas possible d'avoir une rentabilité à 2 chiffres»

«Les locataires cassent tout et ne payent pas»

«Il faut être riche pour acheter de l'immobilier, les banques ne prêtent pas pour du locatif»

«Il faut être propriétaire de sa résidence principale»

Ces croyances n'engagent que ceux qui sont prêts à y croire…

Dans ce livre, on se tutoie. Si cela te dérange, je vous suggère d'arrêter la lecture ici ! ;)

Je n'aime pas mettre de la distance avec les gens que j'aide : on peut faire les choses sérieusement sans se prendre au sérieux. L'immobilier n'échappe pas à la règle.

Mon but est de te donner une vision globale de la méthode des investisseurs. Pourquoi rentables ? Car nous gagnons de l'argent maintenant, et pas dans 20 ans ! Sans attendre la fin de notre crédit. Oui : c'est possible.

Je vais partager avec toi ma philosophie et ma façon de faire : pour s'enrichir de façon éthique et bienveillante, tout en limitant le travail à fournir. Je suis attaché à cette dimension éthique. J'aime pouvoir me regarder dans la glace tous les matins !

Ma recette consiste à fournir des locations de qualité à des locataires de qualité. Je traite mes locataires comme je voudrais que l'on me traite à leur place. Pas besoin de léser qui que ce soit pour gagner de l'argent avec l'immobilier.

Ce livre n'est pas un énième pavé théorique et rébarbatif... Peu de calculs, peu de théorie, peu de blabla ! D'autres le font très bien à ma place.

Je te propose ici quelque chose de différent qui – je l'espère- te fera réfléchir, quel que soit ton niveau dans l'immobilier.

Tu trouveras ci-après trois grandes parties, ma recette magique pour progresser dans n'importe quel domaine : **Comprendre – Apprendre – Appliquer.**

I. COMPRENDRE

Comment ça marche ?

Comment être rentable maintenant et pas dans 20 ans :

-Acheter des biens qui sont remboursés par quelqu'un d'autre, sans sortir 1€ de sa poche.

-Toucher un revenu complémentaire tous les mois.

-Laisser son patrimoine augmenter, en automatique.

Paroles, paroles ?

Cela ressemble à de belles promesses et tu es peut-être incrédule quand tu entends des histoires d'investisseurs qui se sont bâtis en quelques années (ou quelques mois) de confortables revenus complémentaires.

J'imagine ta tête quand tu apprends que ces mêmes investisseurs n'ont pas sorti 1€ de leur poche et qu'ils n'étaient en rien différents de toi quand ils ont commencé.

Ils sont maintenant, eux aussi, libres de leur destinée. Ils possèdent plusieurs appartements, plusieurs immeubles, des dizaines de biens…

Tu imagines la tranquillité d'esprit que l'on éprouve avec 15 appartements loués, qui rapportent tous les mois ?

Des locataires te versent un véritable salaire en échange de leur fournir un toit. Miracle ? Non.

Les investisseurs rentables

Tu as déjà été locataire ? Tu as donc toi-même déjà payé un loyer à un propriétaire ? Sans te poser plus de questions que cela…

Si je te disais que ton propriétaire était un de ceux-ci : un investisseur rentable.

Ton propriétaire fait peut-être partie du club de ceux qui ont compris – appris et appliqué – un ensemble de techniques simples qui leur garantissent un avenir radieux. À l'abri des soucis d'argent, du système des retraites…

Quelle tranquillité d'esprit que d'être libre de choisir ton lieu de vacances ou de quitter ta condition d'esclave de ton travail, du jour au lendemain ! Sans stress et sans pression.

Je connais des dizaines de ces personnes. J'en fais moi-même partie.

Passage à l'action

La seule différence qui fera de toi un investisseur rentable ou un esclave du système, c'est ta **volonté** d'agir, ton envie d'apprendre et d'améliorer ton futur.

Mais alors tu vas me dire :

«Ok, ça paraît sympa sur le papier, mais comment ça marche ? Il y a des pré-requis ? Ce n'est pas ouvert à tout le monde !»

Pas de panique, je vais te donner les clés... La base de la pyramide.

Ce socle solide te permettra – si tu décides de continuer sur le chemin de l'immobilier – d'élever ta propre pyramide. Pierre après pierre, vers les sommets que TU auras décidé d'atteindre.

Mais avant de te donner les clés, je dois te préparer. Si tu n'es pas familier avec l'investissement immobilier, ton cerveau n'est pas prêt à accepter tout ça ! C'est comme si, avec mes clés, j'essayais d'ouvrir une porte sans serrure...

Parlons des croyances « limitantes » de l'investisseur immobilier débutant. Celles dont on parle devant la machine à café, au boulot. Celles que te rabâche tata Monique, qui n'y connaît rien mais qui a toujours un avis sur tout…

Celles que partagent 99 % de la population, les tiennes peut-être !

Il faut être riche pour investir

Connais-tu des personnes, pas particulièrement riches, qui ont acheté leur appartement (ou maison) pour y vivre ?

On a tous autour de nous des amis qui ont décidé de «sauter le pas», «se mettre la corde au cou», «Faire l'achat de leur vie» en résidence principale.

– La banque leur a-t-elle prêté ? Oui

– Étaient-ils riches ? Non

Comment expliques-tu que la banque prête pour un bien qui ne rapporte rien, et comment voudrait tu qu'elle ne prête pas pour un bien qui rapporte ? Un actif !

Bientôt, quand tu iras voir la banque avec un dossier bien monté, pour un bien acheté peu cher et qui rapporte une rentabilité exceptionnelle, crois-tu avoir plus de difficultés à emprunter que ces personnes ? Pas spécialement.

Et, si ça marche, qu'est-ce qui t'empêchera de recommencer l'expérience ? Encore et encore...

C'est aussi simple que ça.

Il faut être un expert pour investir

Les experts ne naissent pas experts. D'ailleurs, qu'est-ce qu'un expert ? Une personne très pointue, qui en sait plus que 99,9 % des gens sur un domaine.

Tu n'as pas besoin d'être un expert pour te lancer dans l'immobilier.

Bien sûr, il te faudra apprendre pour ne pas te planter : il faudra être sélectif et porter une grande attention à tes investissements… Je suis là pour ça.

Tu peux déjà facilement faire en sorte d'en savoir plus que 90 % des gens sur l'immobilier. En te formant, à ton rythme.

Rien qu'en lisant ce livre, tu es en train de faire le premier pas.

– Être un expert prend du temps et de l'énergie : il faut faire de longues études, lire des centaines de livres, écrire des publications, y passer des années entières…

– Être un initié est facile : lire quelques livres, faire des formations, se documenter… Tu en sais déjà plus que 90 % de la population !

Ça suffit pour agir ! Ça suffit pour mettre le doigt dans l'engrenage et se rendre compte par soi-même des possibilités. Les dix derniers % demanderont beaucoup plus de travail et d'efforts. Le retour sur investissement + temps + efforts sera bien meilleur au début de ton apprentissage.

Tu seras libre par la suite d'aller plus loin et de continuer sur cette voie si elle te plaît… Et si tes premiers investissements te donnent le virus… crois-moi, tu risques de l'attraper !

De l'argent qui tombe tous les mois, ton patrimoine qui augmente, la satisfaction de posséder des biens tangibles qui apportent beaucoup de valeur à celui qui en bénéficie… Tu verras, c'est contagieux !

Les rentabilités sont faibles

4 %, 5 % … C'est ce genre de rentabilités **EXCEPTIONNELLES** que l'on te vante sur les publicités et dans les agences.

Pourquoi ne pas investir dans cette nouvelle résidence super moderne ? Pour défiscaliser et gommer tes impôts pendant 5 ou 7 ans ! Youhou !

Il faut bien que tu comprennes que ces produits sont destinés à des gens qui n'en ont rien à faire. Ils diront dans les dîners mondains :

« Oui très Cher, j'ai investi dans une résidence-services senior. Une très belle résidence avec un gardien. En plus, je ne m'occupe de rien ! Et je défiscalise ! Ah, ah, ah… Santé Jean-Eudes ! »

Ces investissements purement défiscalisant ne sont jamais intéressants. Je t'en parlerai plus tard…

Nous sommes des investisseurs rentables, maintenant et pas dans 20 ans. Notre but est de trouver le double des rentabilités citées plus haut. À 5 %, je ne sors même pas de mon lit !

Concernant la défiscalisation : D'autres montages, avec des travaux et une optimisation anticipée, te permettront d'atteindre des niveaux de défiscalisation équivalents. Il faut bien comprendre qu'en achetant un produit clé en main, c'est le promoteur qui se gave, pas toi.

Pour trouver **mieux** que les autres, il ne faut pas faire **comme** les autres.

Ton but premier est-il de payer **moins d'impôts**, ou de gagner **plus d'argent** ?

Il faut s'y connaitre en travaux

Bien souvent pour atteindre ces niveaux de rentabilité, il faut faire des travaux.

Il est plus évident de trouver une bonne affaire, négocier un prix et créer une grosse valeur ajoutée en partant d'un bien à refaire.

Quand je dis « faire des travaux », j'entends « déléguer des travaux » ! Je t'expliquerai plus loin l'intérêt de faire appel à des entreprises plutôt que de se taper le sale boulot.

Je te montrerai des moyens d'optimiser tes coûts, de suivre tes chantiers sans te prendre la tête. Je te parlerai de mon expérience… J'ai fait faire pour plusieurs dizaines de milliers d'euros de travaux ces 4 dernières années.

<u>Au début, je pensais comme tout le monde :</u>

«Il faut que je m'y mette moi-même pour payer moins cher. Les entreprises coûtent un bras et les artisans sont tous des arnaqueurs !»

À la fin de l'été 2018, après avoir passé deux mois non-stop à me tuer la santé en retapant moi-même huit appartements dans l'urgence la plus totale (tout ça afin d'être prêt en septembre pour louer aux étudiants), j'ai révisé mon jugement !

J'ai passé le pire été de ma vie ! Sur mon chantier de 6 heures à 21 heures tous les jours, pendant 60 jours d'affilés. J'ai dû demander de l'aide à des amis, annuler un agrandissement et bâcler le travail pour atteindre un objectif inatteignable.

Maintenant, je fais tout faire. Je consacre le temps gagné à des choses qui me rapporteront plus.

J'inclus le coût des travaux dans toutes mes projections. La qualité de mes biens est bien supérieure et la rapidité de mise en œuvre sans commune mesure.

La gestion est un casse tête

Gérer un seul appartement : c'est 10 minutes par mois. Tu trouves que c'est un casse-tête ?

L'important dans la gestion, c'est l'anticipation. On verra comment anticiper pour ne pas avoir à faire grand-chose. Je te parlerai des vagues et des cycles de l'investisseur.

Une fois propriétaire de plusieurs appartements/immeubles, la gestion deviendra plus exigeante, mais tu auras acquis plus d'expérience en contrepartie.

Si tu te sens bien dans le club des investisseurs, tu te réveilleras un beau matin avec plus de locataires qu'il ne t'en faut pour financer tes dépenses quotidiennes... Bravo, tu es rentier !

À ce moment-là :

1/ Tu choisiras peut-être de gérer ton patrimoine à temps plein, pour garder le contrôle.

2/ Tu opteras pour la gestion déléguée et tu prendras ta liberté. Il t'en coûtera 4 à 8 % de tes loyers, mais tu n'en auras plus rien à faire... *(Spoiler : deuxième solution)*

Il faut être propriétaire de sa résidence principale

Dernière croyance de ma liste, mais sûrement LA plus ancrée dans la tête des gens !

Elle s'insinue même jusque dans certaines agences bancaires, polluant le cerveau de quelques conseillers…

Si tu es propriétaire de ta résidence principale, ou que tu envisages de l'être : Tu te rendras compte un peu plus loin que dans le cadre de notre stratégie, ça n'est pas optimal. En effet, tu as déjà un crédit sur le dos et cela peut grever fortement ta capacité d'endettement.

Pas de panique toutefois, tous les cas sont différents. Un handicap n'est pas forcément synonyme de blocage.

Si tu n'es pas propriétaire : bravo, tu as de l'avance !

Tu as beau me refaire tes grands yeux incrédules… Certes, tu n'as pas cette expérience qui consiste à avoir déjà acheté un bien immobilier, mais bientôt tu en sauras largement assez pour compenser ce manque.

L'investissement locatif est un investissement. Acheter sa résidence principale n'en est pas un. Tout juste un placement.

«Oui mais être locataire, c'est jeter de l'argent par les fenêtres, et moi au moins je me constitue un patrimoine»

Se constituer un patrimoine, c'est bien. Le constituer vite, c'est mieux ! Surtout si tu as un salaire dans la moyenne.

Ta capacité d'endettement sera plus fortement amputée dans le cas d'un achat de résidence principale que dans le cas d'une location raisonnée. On a souvent envie du meilleur pour soi-même, ce qui nous pousse à vouloir y consacrer le plus gros budget possible (et donc un emprunt maximal).

Les premières années de remboursement d'un crédit ne remboursent pas le capital, mais uniquement les frais d'acquisition (notaire, agence, garantie, banque...). Aux taux actuels (2020) − pour un achat de résidence principale de 200.000€ et en faisant financer l'intégralité de l'acquisition -, il s'écoule 2 ans (24 mensualités !) avant de commencer à rembourser du capital.

Il faut être certain que le logement va correspondre plusieurs années. Tout peut être remis en question en cas de mutation professionnelle, naissance, séparation...

Les prix d'achat étant décorrélés des loyers, entre le coût :

– des intérêts d'emprunt

– des assurances de prêt

– de l'assurance habitation (plus chère pour un propriétaire occupant)

– de la taxe foncière

– des frais d'acquisition qu'il faut lisser sur la durée de détention du bien

– des travaux d'entretien et d'aménagement : plus qualitatifs et donc plus chers pour une résidence principale...

Un bien peut coûter plus cher à acheter qu'à louer sur certains secteurs. Même sur 20 ans...

Et surtout, contrairement à un investissement locatif :

> − Pas de loyers qui rentrent. Aucune compensation de toutes ces dépenses.

Je ne dis pas qu'acheter sa résidence principale est proscrit. Je dis simplement que dans le cadre de la méthode des investisseurs rentables, ça n'est pas optimal avant d'avoir atteint l'indépendance financière. Toutes les situations ne se valent pas.

Tu verras un peu plus loin que je suis attaché à optimiser tous les facteurs pour t'aider à atteindre tes objectifs.

Concept clé :

Ces croyances sont bien ancrées dans l'imaginaire collectif ! Peut-être en avais-tu certaines dans la tête… J'espère avoir lancé la réflexion ! Nous entrerons dans le détail dans les prochains chapitres.

Voyons maintenant les bases du système

Les bases du système

Comprendre comment utiliser l'investissement immobilier locatif pour s'enrichir rapidement.

L'effet de levier bancaire

La théorisation du concept de levier remonte à Archimède, grand scientifique grec de l'Antiquité (287-212 avant J.-C.).

L'histoire raconte qu'en découvrant le phénomène, il prononça cette phrase célèbre :

«Donnez-moi un point fixe et un levier et je soulèverai le monde !»

L'effet de levier bancaire ne soulèvera pas le monde… Juste notre patrimoine. Ce qui n'est déjà pas mal.

Alors, c'est quoi «l'effet de levier» ?

C'est un moyen d'utiliser une petite quantité de force pour produire un grand effet grâce à un levier qui pivote sur un point d'appui. Ainsi, pas besoin de s'appeler Schwarzy pour soulever des montagnes !

C'est pareil avec les flux financiers :

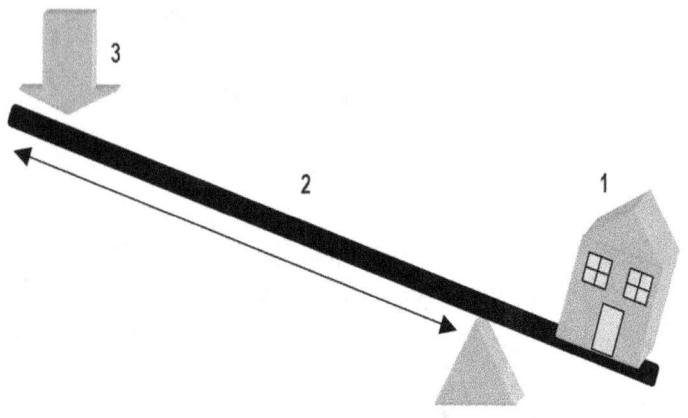

1. Ton bien locatif : pour pouvoir l'acheter, il faut le soulever.

2. Le crédit : plus la durée augmente et plus l'effet de levier sera grand.

3. L'effort d'investissement.

On comprend bien que plus le crédit est long et plus il est facile de soulever le bien.

Pour ne pas trop te fatiguer à appuyer sur le levier, ton locataire va t'aider. Ainsi, le loyer que tu percevras viendra diminuer (ou annuler) ton effort d'investissement.

Facile, non ?

Cet effet de levier du crédit est la chose la plus puissante qui nous permet d'acheter beaucoup avec peu ! C'est ainsi que les fortunes se bâtissent dans l'immobilier, à partir de rien. L'argent n'est qu'une variable secondaire.

Il y a une condition cependant : pour avoir le droit d'utiliser ce levier, il faudra faire tes preuves auprès de celui qui te le confiera : le banquier !

Tu es le point d'appui, la banque à besoin d'avoir la preuve de ta solidité avant d'appliquer une contrainte de crédit sur ta tête

C'est pour cela qu'un certain nombre de critères sont requis pour avoir le droit d'emprunter, et de continuer à le faire.

Pour une recette parfaite

On va saupoudrer d'un ingrédient supplémentaire notre stratégie : le cash flow (excédent de trésorerie). Mettons-nous en situation.

Tu achètes de l'immobilier locatif, tu loues un bien de qualité à un locataire heureux... Il te paie un loyer en échange de ce service.

Tu gagnes de l'argent en répondant à un des besoins primaires les plus inaltérables.

En tant que nouveau membre du club des investisseurs rentables, ton loyer perçu doit dépasser le montant de ton crédit et de tes charges générales. Cette partie excédentaire s'appelle le cash flow.

C'est donc ton locataire qui rembourse l'emprunt et tu t'enrichis chaque mois avec le cash flow ainsi dégagé...

Sur le papier, c'est tellement enfantin qu'on se demande pourquoi ça n'est pas enseigné à l'école !

Je résume la situation. On te permet d'acheter :

   — Quelque chose qui va t'enrichir à long terme

   — Avec de l'argent que tu n'as pas

   — On paie les mensualités pour toi

   — En guise de bonus : tu gagnes de l'argent chaque mois !

Mais pourquoi tout le monde ne le fait pas ?! Ça paraît tellement simple que ça paraît trop simple...

L'expérience m'a appris que là où se trouve la masse, il n'y a rien d'intéressant à gagner. Il faut croire que le Français moyen préfère «ne pas se prendre la tête». Le grand fléau du XXIe siècle : métro, boulot, abrutissement devant la télé...

Pour celui qui est déterminé, par contre, tout est possible !

Cependant, je ne suis pas là pour te vendre que tout sera facile et que l'argent tombera en claquant des doigts... Bien sûr qu'il y a des pièges ! Bien sûr qu'il y a des trucs à savoir et à mettre en place...

Bien sûr qu'il faudra t'investir, apprendre et travailler pour que tout se passe au mieux.

C'est comme de l'horlogerie de précision : les engrenages doivent s'ajuster parfaitement les uns aux autres pour que tout le système tourne harmonieusement.

Si je l'ai fait, que d'autres l'ont fait et le font tous les jours, c'est que c'est possible. Tout n'est qu'une question d'apprentissage.

Un marché réel

Le marché immobilier est historiquement stable, pérenne et globalement haussier sur le long terme.

Quand j'achète un bien immobilier, j'achète quelque chose de tangible, qui a une fonction bien précise. Mon bien répond à un besoin réel et basique : tout le monde a besoin d'un toit au-dessus de la tête.

Nous cherchons tous à nous loger le mieux possible. À créer notre petit cocon hors du temps. Notre espace rien qu'à nous, à l'abri des dangers extérieurs... Depuis des milliers d'années, l'homme est une espèce sédentaire qui a besoin de sécurité, de stabilité, de repères...

Quoi de mieux que d'investir sur un marché aussi primaire ? La volatilité y est bien plus faible que sur le marché des actions, des matières premières ou des devises.

C'est un marché de long terme, les fluctuations existent mais sont lissées par le temps.

De la demande

Quand on investit sur un marché quelconque, on aime qu'il ait de l'avenir... Côté demande, on a de la marge ! Tu as certainement déjà entendu parler des décomptes de population mondiale et des projections de hausse dans les années à venir... Nous sommes aujourd'hui plus de 7 milliards sur Terre.

Sais-tu qu'en 1950, date pourtant assez proche, nous n'étions que 2,5 milliards !

L'Organisation des Nations Unies (ONU) estime que la population humaine mondiale augmente de 246.000 individus par jour

Nous allons passer de 7,5 milliards à 10 milliards d'êtres humains d'ici à 2050 !

<u>C'est juste inconcevable :</u> plus de **2 MILLIARDS** de personnes en plus !

À l'heure d'un monde qui se globalise, des échanges qui s'accélèrent, des flux de population nécessairement plus importants entre les pays... Deux milliards de clients potentiels supplémentaires, ça me semble assez prometteur.

Du travail … à ton rythme

Tu t'apprêtes à réaliser un investissement semi-passif. C'est-à-dire que tu auras assez peu d'actions à effectuer dans le temps pour maintenir cet investissement.

Comparativement au day-trader qui doit jongler chaque jour avec ses actions, le propriétaire foncier se la coule douce.

Suivi des locations, encaissement des loyers, changement de locataires… Avec les bonnes techniques, c'est moins d'une heure par mois et par bien. Il est aussi possible de mettre ses biens en gestion pour ne plus s'occuper de rien.

Les investisseurs le savent, la charge de travail dans l'immobilier : ça fait des vagues.

Au début, tu dois chercher, négocier et acheter… Puis viennent quelques travaux et le suivi de ceux-ci.

Toute cette période est assez prenante (et aussi passionnante) !

Ensuite vient le temps de la mise en location : on récolte enfin les fruits de notre travail. Le bien est de qualité, il se loue vite et bien.

Et puis… plus rien ! On touche de l'argent. Plus grand-chose à faire… On s'ennuie !

Alors on recommence ! Encore et encore. L'investisseur est une espèce à part. Un genre de super-investisseur qui a appris les ficelles, appliqué les recettes et se prend de passion pour l'activité.

Pendant ce temps

Ton patrimoine augmente. Tranquillement et discrètement, dans son coin. Tu ne t'en rendras pas compte au début, mais tous les mois tu t'enrichiras ! Tu (ton locataire) vas rembourser petit à petit ton emprunt.

Si ton investissement est bien mené, tu vas percevoir de l'argent en plus que tu pourras placer pour l'avenir.

Ce n'est pas tout. L'objectif est de faire un investissement malin, payé en dessous du prix du marché. Puis de sécuriser ton achat en y ajoutant de la valeur via des travaux d'amélioration.

→ De moins en moins de crédit tous les mois, sans sortir d'argent de sa poche.

+ De l'argent disponible en plus, à placer

+ Une valeur du bien supérieure au prix payé, pour se sécuriser en cas de revente

= Un patrimoine en hausse rapide

C'est peut-être assez flou à tes yeux pour le moment… Je te montrerai un peu plus loin comment reconnaître un bon investissement.

Choisir sa vitesse

On court un marathon, pas un sprint. Comme le marathonien, tu vas prendre le départ d'une course qui va durer longtemps. Il te faudra la gérer sur la longueur.

Comme le marathonien, tu pourras choisir l'allure... Plus ou moins vite vers tes objectifs, suivant ton niveau et ta détermination.

Je recommande toujours à mes clients de ne pas se précipiter. Il faut d'abord comprendre quelque chose de fondamental : il y a plus de bonnes affaires sur le marché que tout ce que tu ne pourras jamais acheter. Le défi est juste de les trouver.

En cherchant bien, en creusant un peu... Toi, moi et cinquante autres investisseurs, on ne pourra pas tout acheter. Le marché est vaste ! En conséquence, l'urgence est un concept que tu dois bannir de ton mode de fonctionnement.

Le truc, ça va être de sélectionner au mieux : préparer ses critères, sa check-list...

Quand je parle de critères, je n'entends pas par là : si le bien possède un ascenseur ou une place de parking... Je te parle de tes objectifs profonds, et de ta manière de les atteindre.

Tu pourrais vouloir aller plus ou moins vite, acheter plus ou moins de biens. Tu ne dois pas te laisser dépasser, tu es le chef d'orchestre.

Il y a des investisseurs – j'en fais partie – qui ont attrapé le virus. Nous avons compris le système et nous le maîtrisons. On devient accro au challenge de la recherche, à l'adrénaline de la négociation, à la satisfaction d'une rénovation bien menée, à l'argent qui tombe tous les mois...

Ensuite, avec le temps, on augmente ses objectifs. On se diversifie, on passe à la vitesse supérieure.

Tout est possible pour qui s'en donne les moyens ! Il te faudra simplement connaître les fondamentaux, rester focus, faire les choses dans l'ordre, travailler et surtout : être patient...

Tout le monde peut acheter un bien, ou deux... On connaît tous des gens qui ont « investi » et qui doivent rajouter de l'argent de leur poche tous les mois ! Pour faire ce genre de dépenses, tu n'as pas besoin de moi...

Ce qui m'importe, c'est d'aider les lecteurs à devenir des investisseurs rentables. C'est pourquoi, les notions de répétition des achats et d'anticipation sur long terme sont prédominantes :

Tout le monde peut faire un mauvais premier investissement.

La difficulté pour s'enrichir durablement, c'est de bien acheter et de recommencer. D'être suivi par la banque sur des dizaines de biens... Pour cela : tes premiers investissements sont déterminants.

Concept clé : **En tant que nouveau membre du club des investisseurs rentables – maintenant et pas dans 20ans –, tu commences à comprendre que nous voyons nos activités immobilières comme une activité à part entière. Comme une entreprise !**

> – Comme une entreprise : nous allons vers notre but, sans y déroger.

> – Comme un chef d'entreprise : nous nous formons, nous évoluons. Nous cherchons à fournir un service de qualité et à nous développer.

> – Comme dans une équipe : certains sont meilleurs que d'autres, plus habiles ou plus rapides...

L'important n'est pas d'être le meilleur. L'important est d'être du bon côté de la barrière… Du côté rentable.

<u>**Les étapes à suivre :**</u>

- COMPRENDRE

- APPRENDRE

- APPLIQUER

<u>**C'est l'objet de ce livre :**</u> je te propose une approche différente qui t'aidera dans la compréhension de concepts peu abordés qui sont la base de l'activité d'investisseur.

Tout le monde peut le faire ?

Comprendre où tu te trouves pour adapter tes choix et atteindre tes objectifs plus rapidement. Mettre en place la machine à investir.

CDD vs CDI

Au niveau bancaire, la voie royale pour pouvoir investir est le CDI.

Le banquier cherche à obtenir le meilleur rapport risque/bénéfice. Un CDI le tranquillisera sans aucun doute. Même si dans le fond, un investissement qui s'autofinance et qui dégage du cash flow se suffit à lui-même...

Pour moi, une bonne gestion et une épargne de sécurité (associés à un gros cash flow) sont tout aussi sécurisantes qu'un CDI. Après tout, il reste lui aussi soumis à certains aléas.

Malheureusement, je ne suis pas banquier ! Il faut donc avoir connaissance des règles du jeu et faire ses preuves.

De plus, les banques ont certains quotas de crédit immobilier à accorder. Les objectifs sont actualisés pendant l'année. Pour un même dossier présenté à deux périodes différentes, tu es susceptible d'obtenir des réponses et des conditions changeantes. C'est pourquoi il ne faut jamais se contenter d'une seule demande de prêt.

Dans les grosses agences, les conseillers sont souvent débordés et sous pression. Ils ne veulent pas perdre de temps à constituer et défendre un dossier « limite »... C'est la raison pour laquelle, si tu es en CDD, intérim, étudiant, nombre de banquiers refuseront ta demande de but en blanc. Ils ne veulent simplement pas prendre le risque de travailler « pour rien ».

Heureusement, difficile ne veut pas dire impossible. Prépare-toi simplement à vivre un parcours plus compliqué. Il va falloir monter un dossier plus argumenté et mieux défendu. Avoir une réponse imparable à toutes les questions possibles... Tu devras aussi présenter un meilleur historique de compte.

C'est le moment de persévérer et de multiplier tes chances en poussant la porte de nombreuses agences. Sois rassuré, je connais de nombreux exemples d'investisseurs – jeunes et en CDD – qui y sont parvenus ! Notamment en renforçant cet autre pilier de la richesse : l'épargne.

L'épargne redonne le sourire aux conseillers. Plus il y en a, mieux c'est ! Nous n'allons pas l'investir, juste la garder bien au chaud, au creux de notre agence bancaire...

Je t'apprendrai comment t'en sortir au mieux avec l'épargne dans la partie **APPRENDRE**.

Il me faut beaucoup de côté ?

«Je croyais que l'on n'investissait pas de notre poche ?»

Tu as raison. Seulement, ne pas mettre de sa poche ne signifie pas ne rien avoir du tout dans la poche !

L'important, c'est la régularité : même si tu as peu de côté, il faut que ta routine d'épargne saute aux yeux de la banque. La première impression est, comme toujours, la plus importante.

Prêterais-tu de l'argent à quelqu'un qui est souvent à découvert et qui ne met rien de côté ?

En gérant ton compte «en bon père de famille», tu t'assures une première bonne impression auprès de ton conseiller.

La gestion du compte

Tu vas être noté. Comme à l'école ! À chaque demande de prêt, tu dois fournir l'historique de tous tes comptes bancaires… sur les 3 derniers mois au minimum.

Tes relevés seront audités par la banque qui t'attribuera une note. Un «profil emprunteur» sera dressé en fonction de tes dépenses, revenus, niveau de vie…

Il est facile d'avoir la note maximale à ce test : tu dois vivre en dessous de tes moyens.

Tu gagnes 2000€ par mois ? Parfait. N'en dépense pas plus de 1800 ! Moins, c'est encore mieux…

Si tu avais l'habitude de vivre au-dessus de tes moyens : découverts fréquents, crédits à la consommation…, c'est le moment de remettre de l'ordre.

Si tu sais que tu vas demander un prêt dans un futur proche, sois irréprochable dès aujourd'hui ! Ce sont les relevés d'aujourd'hui qui font les emprunts de demain.

Pas de dépenses inconsidérées : pas de restaurants à 150€ trois fois par semaine, pas de sorties à 200€ tous les week-ends, pas de gros retraits en liquide répétés… Ça n'est pas vraiment le genre de dépenses qu'une banque a envie de voir sur des relevés !

Ces chiffres sont bien évidemment à pondérer en fonction de ton salaire : pour 1500€ de revenus, ce sont des dépenses inconsidérées. Pour 6000€, elles sont raisonnables. À toi de mettre en place la bonne stratégie pour arriver au niveau du second revenu si tu te situes au premier ! La gestion de compte est un passage obligé pour y parvenir grâce à l'immobilier.

La capacité d'emprunt

On en parle tout le temps ! Les fameux 33 % d'endettement maximum.

Voilà un critère à connaître : ce chiffre détermine le pourcentage théorique maximum que ne doivent pas dépasser les remboursements de tes crédits par rapport à tes revenus net.

Exemple : Tu gagnes 2200€ net par mois. Tes mensualités de crédit ne dépasseront pas : **2200 x 33 % = 726€ / mois**.

Jusqu'à un certain niveau de revenus et de patrimoine, c'est cette règle de base qui s'appliquera.

Ça ne s'arrête pas là : nous autres – investisseurs investissons dans du locatif à fort rendement. Nous percevons donc des loyers qui nous procurent un complément de revenus. La banque va ainsi prendre en compte une partie des futurs loyers escomptés lors de la demande de prêt.

Pour se protéger, elle ne prend pas en compte 100 % des loyers, mais un chiffre compris entre 60 % et 80 % (suivant les établissements). Pour faciliter les calculs, on utilisera le niveau médian de 70 %.

La banque ne s'embête pas à étudier tous les frais divers, la vacance locative, les charges, les coûts de gestion, les impôts… Elle applique ce forfait de -30 % de décote censé prendre en compte tous ces éléments. C'est beaucoup plus rapide pour elle.

Exemple : Tu gagnes 2200€ net mensuels et tu vises l'achat d'un immeuble de 3 T2 à rénover. Il y a des travaux et tu as obtenu un bon prix suite à une grosse négociation.

> – Tu payes le bien 80.000€ + 6800€ de frais de notaire.

> – Tu prévois 60.000€ de travaux. Tu ne souhaites faire aucun apport et te faire financer la totalité.

> – Les appartements seront loués 3 x 400€ = 1200€ de loyers mensuels.

> – Tu as donc besoin d'emprunter : 80.000 + 6.800 + 60.000 = 146.800€

> – La mensualité pour cet emprunt sur 20 ans est de 750€ par mois (taux moyen début 2017)

> – La banque applique la règle des 70 % des loyers à venir : 70 % x 1200€ = 840€

> – Elle ajoute ces 840€ à ton revenu de 2200€ = 3040€

– Tu auras donc : 750€ de mensualité pour 3040€ de revenus total

– Ton taux d'endettement sera de :
750 / 3040 x 100 = **24,67 %.**

Tu peux donc emprunter pour cette opération. Pour le prochain projet, les choses se passeront de la même manière et s'additionneront… C'est pourquoi les premiers projets sont déterminants pour la suite. Si ton taux d'endettement augmente trop, tu seras rapidement bloqué.

Il n'y a pas d'école de l'investissement

C'est malheureux ! Reste donc la possibilité de se former avec des gens plus expérimentés.

C'est ce que j'ai fait et c'est ce que j'essaie de faire avec toi aujourd'hui.

Ce qui est génial avec l'immobilier, c'est que ton patrimoine peut exploser ! Un complément de revenus significatif peut vite arriver, à condition d'optimiser le processus.

À l'inverse, on peut aussi facilement faire des erreurs douloureuses. C'est pourquoi il est indispensable de comprendre ce que l'on fait avant d'agir, surtout sur de gros investissements.

Pas besoin d'être Einstein pour réussir... Seulement appliquer ce qui fonctionne.

Je connais beaucoup d'investisseurs, amis et/ou clients, qui ont eu beaucoup de succès dès leur premier investissement. Leur point commun n'est pas d'avoir un QI de 160, mais d'avoir suivi un système, d'avoir analysé les choses avant de prendre leur décision...

Ils ont tous su lire leur marché. Certains louent en meublé, d'autres louent vide ou en colocation...

En courte ou longue durée. Quand l'un se spécialise dans la location étudiante, l'autre met le paquet sur le haut de gamme pour cadres supérieurs fortunés... Peu importe leur histoire, ils ont tous profité des spécificités de leur marché et ont su les utiliser au mieux.

Dans une même ville, il y a des dizaines de marchés différents. Tu dois chercher à les identifier.

Quel type de personne habite à tel endroit ? Où se trouvent les étudiants ? Y a-t-il une activité touristique forte ? Un pôle d'emploi massif ? Une grosse usine, un aéroport ? Ce sont des critères de base à connaître absolument.

Tu peux avoir le meilleur appartement, la plus belle rénovation, le prix d'achat le plus bas du monde : si ça ne colle pas à la cible, tu loueras plus difficilement.

Si c'était si simple, tout le monde le ferait

Tout le monde le fait ! S'il y a des choses à louer, c'est qu'il y a des propriétaires !

Comme d'habitude, la plus grosse partie des richesses est dans les mains d'une minorité…

Regarder un reportage sur des gens riches à la télévision ne fait pas gagner d'argent… Ceux qui se bougent, qui osent et apprennent sont les vrais gagnants !

Beaucoup d'investisseurs en herbe me racontent que leurs proches, leurs amis ne les comprennent pas. Ils se sentent différents.

Devant la machine à café, ils n'osent pas entrer dans les discussions, expliquer leur point de vue.

Les clichés sont encore bien présents…

Est-ce qu'il t'arrive parfois de te sentir à part avec ton ambition ?

Je connais bien ce sentiment. Lassé de me sentir constamment en décalage, un beau jour j'ai osé…

Fini de vouloir prouver quelque chose à qui que ce soit ! Je me suis dit que le premier pas était le plus difficile à faire. Une fois en marche, il suffirait de mettre un pied devant l'autre...

Puis, j'ai changé de cercle, me mettant à sympathiser avec des investisseurs.

Les succès se préparent silencieusement – La réussite se chargera du bruit

Nous sommes la moyenne des gens que nous côtoyons le plus. C'est étonnant de vérité et ça fonctionne aussi avec les revenus. En côtoyant des chefs d'entreprises, des gens inspirants, des personnes qui ont eu du succès..., je me suis élevé beaucoup plus vite que tout ce que j'aurais pu imaginer.

Ça a été dur au début. J'étais le petit dernier. Celui qui ne comprend pas tout, celui qui doit se former et faire ses preuves... J'ai dû investir de grosses sommes sur moi-même pour rattraper ce retard. C'est la meilleure chose qui me soit arrivée.

Encore aujourd'hui, j'investis mensuellement sur ma formation une somme plus importante que celle sur ma dernière fiche de paie lorsque j'étais salarié !

Que tu sois prêt ou non à investir de grosses sommes, entoure-toi des bonnes personnes. Celles qui ont des projets similaires aux tiens. Celles qui vont de l'avant et qui dégagent une énergie positive.

Ces personnes te tireront vers le haut. À tous les niveaux : motivation, réflexion, état d'esprit, apprentissage et revenus !

La différence subtile

Simple ou facile ? Simple et facile ? C'est simple, mais est-ce facile ?

La différence entre ces deux termes a sonné comme une révélation en moi quand j'ai saisi leur sens profond.

Simple : Qui est aisé à comprendre, à suivre, à appliquer.

Facile : Qui se fait sans efforts, qui ne présente aucune difficulté.

L'immobilier c'est simple : pas de prix Nobel de physique nucléaire ou d'ingénieur de génie parmi nous. Les investisseurs rentables, ce sont des gens de tous bords, de toutes origines sociales.

Ce n'est pas une question d'intelligence ou de revenus de départ.

Juste de la motivation, et une grosse envie de se bouger pour améliorer son quotidien.

L'immobilier ce n'est pas facile : il y a des efforts à faire. Il faut chercher, calculer, projeter, recommencer. Défendre son projet auprès de la banque, suivre les travaux, trouver un locataire… On n'a rien sans rien !

La vraie différence

Entre celui qui fait bouger sa vie et celui qui ne fait rien : c'est le passage à l'action.

Celui qui passe à l'action se pose, pèse le pour et le contre... Et il se jette dans la fosse aux lions ! Il prend la décision d'agir une bonne fois pour toutes, sans reculer. Celui-là, il crée la performance !

Celui qui rêve n'arrive à rien.

Si tu lis ces lignes, ce n'est pas par hasard. Tu as déjà avancé sur le chemin de la décision.

Chaque seconde, cette machine incroyable qu'est ton cerveau analyse les variables, tente d'appréhender ce nouveau système... Tu commences peut-être à entrevoir des possibilités que tu ne sentais pas auparavant, à sentir un début de changement en toi. Comme une nouvelle force qui ne demandait qu'à être activée...

Elle était là, mais elle était éteinte. En activant le processus de réflexion, tu es en train de trouver l'interrupteur.

Tu te poses plein de questions et c'est normal. Je ne vais pas seulement y répondre de façon terre à terre, j'essaie de t'amener plus loin. Coucher sur le papier chaque variation, chaque cas, chaque calcul de fiscalité ne m'intéresse pas pour le moment... Je ne veux pas t'embrouiller un peu plus, je veux déclencher le passage à l'action.

Je cherche à aiguiser ta réflexion autour de la possibilité de créer quelque chose de durable, te donner l'œil du tigre ! Comment veux-tu monter ta pyramide sans commencer par la base ?

Beaucoup de gens veulent apprendre les calculs de fiscalité au centime près, trouvé des combines pour diminuer leurs impôts avant même de commencer à en payer...

Je ne dis pas que c'est inutile. Je fais ce travail avec mes clients, c'est bien évidemment important pour leurs investissements, cela influe significativement sur la rentabilité. Mais la BASE... La base est plus importante.

Des impôts, tu vas en payer ! J'espère même que tu vas en payer BEAUCOUP. C'est d'ailleurs un des critères bancaires de bonne santé financière. Ton banquier se moque de l'optimisation !

Avant de calculer précisément mon imposition, je cherche à savoir si je vais gagner gros. Si l'argent va rentrer tous les mois. Les fondamentaux de mon investissement sont-ils bons à long terme ?

Apprenons à ton œil à reconnaître ce qui est bon pour ton parc immobilier et pour ta gestion.

Bientôt, il sera en mode automatique pour analyser les biens, pointer ce qui ne va pas ou ce qu'il est possible de faire… Je suis partisan de l'automatisation et du moindre effort. Pourquoi faire plus compliqué ?

Alors comment passer à l'action ? Comment sauter le pas et dominer la peur ?

Une technique efficace consiste à découper la tâche en toutes petites parties… Pourquoi tenter le triple saut alors qu'on peut aller aussi loin en faisant des petits pas ?

Commence par t'habituer à regarder les annonces immobilières… À faire une visite par semaine, juste pour voir… Peu importe ton petit pas, l'important est de faire le premier.

Concept clé : L'investissement immobilier n'est pas réservé à une élite. Tout le monde en est capable en y allant à son rythme.

Chercher à apprendre et à comprendre les fondamentaux est déjà un pas en avant que la plupart des gens ne feront jamais.

Les étapes à suivre :

– Assainir sa situation personnelle.

– Comprendre le système.

– Apprendre, se former, se mettre en contact avec des investisseurs.

– Commencer par la base de la pyramide avant de monter les étages.

– Faire son premier petit pas.

Mythes immobiliers

Il existe quelques placements à fuir lorsqu'on est un investisseur ... Comment s'y retrouver et garder sa marge pour soi au lieu de la donner aux autres ?

Achat neuf / défiscalisation

<u>Les programmes de défiscalisation adossés aux lois :</u> Duflot, Pinel, Censi-Bouvard et toute la famille... Passés ou à venir.

<u>Je vais te donner une réponse argumentée en 3 parties :</u>

1/ N

2/ O

3/ N

Quand tu vois une pub qui te dit : «*Ne payez pas d'impôts pendant 9 ans, investissez dans un secteur porteur ! Un immeuble de standing, des appartements fabuleux aux dernières normes de construction énergétiques ! Vous ne gérerez pas les travaux ni les problèmes ! Pas de mise en location ni d'état des lieux... Juste à empocher depuis chez vous !*»

Il n'y a pas un problème quelque part ? Ce n'est pas un peu trop beau pour être vrai ? Tu crois encore au Père Noël ?

Ces programmes ont été créés pour relancer le secteur du bâtiment à partir de lois d'incitation. Ils sont assis sur du vent et le seul moyen d'attirer les « investisseurs » est la défiscalisation qu'ils procurent.

Encore une fois : n'investis pas pour payer moins d'impôts ! Investis pour gagner de l'argent, maintenant et pas dans 20 ans.

Si tu payes énormément d'impôts et que tu veux défiscaliser, il existe d'autres moyens avec l'immobilier. Avec ces programmes, tu ne seras jamais gagnant. Le vrai gagnant, celui qui prend la marge, c'est le constructeur (je ne vais pas me faire que des amis...)

Le hic avec ces programmes : c'est que la plupart du temps, l'emplacement n'est pas top, les ventes se font sur plans, les chantiers sont longs, les rendus hasardeux, les réceptions de travaux bâclées et les malfaçons classiques. Sitôt terminé, sitôt abandonné ! Plus vite c'est fini, plus vite on recommence !

Les immeubles sortent de terre comme des champignons. Peu importe si la demande locative du secteur est capable d'encaisser cet afflux massif de nouveaux appartements.

Peu importe s'ils seront loués ou si les acheteurs se retrouveront avec des biens vides… Tant qu'il y a des nigauds pour payer et des mairies pour délivrer des permis, on continue à construire des appartements qui coûteront un bras en frais de copropriété et un œil en taxe foncière.

Les malheureux acheteurs devront revendre avec une énorme décote pour retrouver le prix du marché. Acheter dans le neuf, c'est comme avec les voitures… Une fois sorti de la concession, c'est 15 % de décote ! N'espère pas vendre et gagner un centime avant 10 ans minimum.

Les rentabilités sont dans les choux

2 %, 3 %, 4 % si tu as de la chance ! L'offre dépasse la demande, la concurrence est énorme, les temps de mise en location sont rallongés. La gestion est confiée à des syndics parfois débordés par la taille des copropriétés, les problèmes s'empilent…

On ne peut pas avoir le beurre et l'argent du beurre. La marge doit bien aller dans les poches de quelqu'un… Ce quelqu'un ne sera pas toi.

Dans l'immobilier locatif, un complément de revenus est possible. Avec les bonnes techniques, devenir indépendant financièrement est tout à fait réalisable. Mais n'espère pas toucher une rente en ne faisant strictement rien ! Le locatif est une arme patrimoniale puissante. Comme toute arme, pour éviter les accidents, il est préférable d'être celui qui la manie.

Concept clé : Évite de faire confiance à quelqu'un qui tient le fusil à ta place. Reste à distance de l'achat dans le neuf et des programmes de défiscalisation pure.

Les étapes à suivre :

– Accepter que l'on ne s'enrichisse pas rapidement en ne s'occupant de rien.

– Apprendre par soi-même.

– Appliquer par soi-même.

– Récolter 100 % des profits pour soi-même.

Le cash flow

Retenir ce concept clé et l'appliquer pour s'assurer 100% de réussite dans l'investissement locatif.

Ton nouveau meilleur ami

En tant qu'investisseur rentable, tu cherches donc à avoir le plus gros cash flow possible pour :

– gagner de l'argent tout de suite

– constituer une épargne de sécurité pour chaque bien

– réinvestir et faire travailler ton argent plusieurs fois.

Nous parlions d'épargne un peu plus tôt... Le cash flow est un booster ! Il viendra se rajouter à ton épargne mensuelle pour augmenter ta cagnotte encore plus vite.

Impact sur la capacité d'endettement

Pour ne pas te retrouver bloqué trop rapidement, rappelle-toi que la banque ne calcule pas les loyers comme nous. Elle se protège avec l'histoire des 70 %. C'est pourquoi tu dois chercher les plus gros cash flow possible, car ta capacité d'endettement va diminuer d'autant plus vite qu'ils seront faibles.

Au bout d'un moment – variable suivant la qualité de tes investissements – tu atteindras la limite des 33 %. Seras-tu bloqué pour autant ?

Non ! En tant qu'investisseurs, on a de la ressource ! Je te donnerai des solutions pour t'en sortir dans la troisième partie de ce livre : **Appliquer.**

Comment faire ?

Tu dois le graver en toi, c'est le nerf de la guerre : on ne veut pas seulement des biens qui s'autofinancent, on veut de l'argent qui tombe tous les mois !

Pour ça, il n'y a pas cinquante solutions : on va chercher des biens peu chers, sous le prix du marché.

Plusieurs possibilités :

— Chercher les anomalies de marché. Il arrive (rarement) qu'un bien soit mal estimé. Une erreur de l'agence, un particulier qui veut vendre lui-même... Quelquefois la chance te sourit ! Ce genre de biens ne reste pas en vente plus de deux jours. Pour les attraper, il faudra être réactif.

— Privilégier des biens avec beaucoup de travaux. Les travaux font fuir les investisseurs lambda et font le bonheur des investisseurs. On a peu de concurrence ! Du coup, libre à nous de prendre notre temps... Estimer, faire des devis et surtout négocier !

– Viser des biens trop chers qui n'ont pas trouvé preneur. Bizarre de penser qu'un bien trop cher puisse se vendre sous le marché... Et pourtant ! Combien de biens sont en vente depuis plusieurs mois, ou années, sans aucune offre... Le jour béni où le vendeur reçoit enfin une offre ferme, écrite et sérieuse..., il révise bien souvent ses prétentions à la baisse.

– Presser un vendeur pressé. Chacun sa vie et chacun sa situation personnelle, familiale et professionnelle... Un divorce, une mutation ou un enfant viennent souvent chambouler des plans que l'on pensait bien établis. Un vendeur pressé sera raisonnable sur son prix et sera aussi plus à même de consentir une baisse... Tu verras, souvent les biens qui ont déjà un prix de départ raisonnable sont plus négociables que les autres.

– Identifier un potentiel caché. Certains biens ont un potentiel qui est passé inaperçu : diviser un appartement pour en faire deux, revendre un morceau de terrain, découper un immeuble et revendre une partie des appartements... Récupérer un espace pour louer des parkings, transformer des bureaux en surface habitable, faire du locatif dans une partie de sa résidence principale, aménager des combles... Autant de possibilités de maximiser sa rentabilité.

– Faire beaucoup d'offres et négocier. *«On ne sait jamais. Sur un malentendu, ça peut passer !»* Tu seras étonné des baisses que l'on peut obtenir grâce à la négociation. Juste en osant. Prends l'habitude de faire systématiquement des offres largement en dessous des prix demandés. Pour profiter pleinement de cette technique, il faudra faire du volume : visiter beaucoup et connaître parfaitement ton marché. J'ai l'habitude d'imager mes propos avec mes élèves en expliquant que lorsque je vois 1000 annonces immobilières, je fais 100 visites. Sur ces 100 visites, je fais 10 offres (fortement négociées) sur les biens qui ont le plus fort potentiel. Sur ces 10 offres, 1 seule est acceptée. Une seule offre qui passe ! Par contre quand ça arrive, je suis certain de faire une TRÈS bonne affaire.

Ton assurance sur le futur

Acheter sous le marché, c'est te garantir une sécurité maximum. Ton emprunt sera minime par rapport à la valeur de tes actifs, ce qui te sécurise en cas de revente. C'est une plus-value non réalisée, mais bien réelle. La banque le prendra également en compte pour la suite.

Un bon achat, c'est un emprunt faible par rapport aux loyers, et donc du cash flow ! Il est lui aussi source de sécurité : il viendra augmenter ta capacité d'épargne, te sauvera la mise en cas de problème, fera le bonheur de ton banquier et te permettra de dormir sur tes deux oreilles !

C'est lui qui fera de toi un investisseur rentable, et sa présence est un critère obligatoire pour pouvoir enchaîner les achats.

Concept clé : Imagine-toi, tu es condamné à vivre seul, dans le désert.

Sous un soleil de plomb, tu ne dois ta survie qu'à une source magique : un fin et fragile filet d'eau qui coule goutte à goutte dans un seau. Il permet à son tour de remplir une grande réserve d'eau, un peu plus loin.

Les semaines passent, tu trouves doucement tes marques dans ton nouvel environnement…

Tu connais le débit de ta source par cœur. Ainsi, tu remplis religieusement ta réserve d'eau à intervalles réguliers.

Ton équilibre est si fragile que si ta réserve arrive à sec : tu meurs immédiatement.

Dans ton oasis de fortune, tu survis tant bien que mal… Tu entretiens un frêle potager composé de quelques plantes comestibles qui te permettent de subsister.

Au fil du temps, tu es même parvenu à te construire un abri de fortune avec la carcasse d'un chameau mort et quelques pierres plates savamment disposées… L'odeur est peu ragoûtante, mais tu es bien protégé du soleil.

Un beau jour, voilà qu'apparaît au loin un âne assoiffé. La pauvre bête s'est probablement perdue dans le désert… Rachitique et déshydraté, l'animal semble résigné, errant sous un soleil de plomb.

Lorsqu'il t'aperçoit enfin, l'âne ne te regarde même pas. Tout ce qui l'intéresse, c'est ta réserve d'eau ! Vu des yeux d'un âne, ce trésor sonne comme un abreuvoir miraculeux et inespéré, encore mieux qu'une tonne de carottes au paradis des équidés !

L'âne se jette sur l'eau qui lui faisait tant défaut. Il boit encore et encore ! Le niveau descend dangereusement…

Rappelle-toi, si l'abreuvoir arrive à sec : l'eau est coupée et tu mourras dans le désert !

L'âne ne se soucie pas de toi, tout ce qui l'intéresse, c'est de se remplir la panse jusqu'à plus soif ! Ton travail consiste donc à tempérer ses ardeurs. Tu dois faire en sorte qu'il boive à un rythme raisonnable et t'échiner à faire les allers-retours avec ton seau.

Pourquoi ne pas tuer l'âne ? Car tu auras besoin de lui plus tard pour aller plus loin, ailleurs…

Cette petite histoire ressemble beaucoup à l'investissement locatif :

La source, ce sont tes loyers. Plus tu as de locataires et plus la source grossit... Tous les mois, tu fais un voyage avec le seau.

La réserve d'eau, c'est ton porte-monnaie. Le niveau de ton patrimoine monte au fur et à mesure...

Mais il faut que tu maîtrises tes charges : le potager ! D'un côté, il te permet de survivre mais entame aussi ta réserve en eau. Il ne restera donc dans ta réserve que ton cash flow... Jusqu'au mois prochain !

En optimisant toutes les variables, tu pourras faire en sorte d'augmenter le niveau moyen de l'eau à chaque fois un peu plus. Tu éviteras ainsi d'être un jour à sec et que tout s'arrête.

Oh ! J'ai oublié de te dire qui était l'âne... Un indice : il porte généralement un costume.

Les étapes à suivre :

– Garder en tête que le cash flow est le concept le plus important.

– Acheter sous le marché pour le trouver.

– Optimiser tous les facteurs pour augmenter son patrimoine au fil du temps.

– L'âne doit boire à sa soif car c'est lui qui va te permettre de voyager plus loin.

Stratégie personnelle

Se taille son outil sur mesure pour atteindre ses objectifs personnels.

Quel est ton rêve ?

Je te l'ai déjà dit, ce livre est un recueil de bonnes manières, il t'assurera des bases sereines pour faire de toi un investisseur rentable. Cependant, je ne peux que te donner les clés. À toi de choisir les portes.

Qu'est-ce qui te pousse à vouloir investir ? Comment vois-tu l'avenir ? Quel est le but derrière tout ça ?

Certaines personnes voient l'argent comme un facilitateur, d'autres l'utilisent pour paraître, se donner une contenance. D'autres encore veulent atteindre un niveau de vie ou un certain confort matériel dont ils ont toujours rêvé.

À quoi penses-tu ? Une grosse maison, une famille, un chien, des enfants ?

Des voyages autour du monde ? Quitter ton travail ? Monter ta boîte ? Partir à la retraite ?

Certains veulent simplement augmenter leur patrimoine pour le léguer à leurs enfants, d'autres veulent plus de liberté…

Les plus riches voient l'argent comme de simples points dans le jeu vidéo de la vie. Il y a aussi parfois de plus nobles préoccupations : faire le bien autour de soi, donné, s'occuper des autres…

Je n'ai pas à juger de tes motivations, nous avons tous les nôtres et nous sommes différents. En revanche, je peux t'aider à atteindre tes objectifs.

Objectifs

Pour atteindre un objectif, il faut clairement l'identifier. Mettre au clair ses prétentions, réfléchir vraiment à ce que l'on désire profondément permet de catalyser notre talent et nos efforts vers ce but. Comme le capitaine d'un bateau qui suit la lueur du phare pour se guider dans la nuit. Je te propose de prendre deux minutes avant que nous allions plus loin. Pour que tu commences dès aujourd'hui à **agir** et à décider de ton futur.

Si tu lis ce livre, écris sur la page suivante. Ne te gêne pas, je ne t'en voudrais pas !

Personne n'est là pour te juger, tu es seul face à toi-même. Mais tu dois le faire pour le bien du processus. Ce petit exercice de deux minutes va te faciliter les choses à l'avenir et accélérer tes résultats.

Nous allons déterminer des objectifs à court, moyen et long terme. Réfléchissons-y concrètement !

Peut-être ne t'es-tu jamais posé la question de savoir vraiment ce que tu voulais ?

On va lister au moins 3 objectifs dans chacune des catégories. Tu peux en mettre plus ! Plus il y en a et mieux c'est… N'aie pas peur d'y aller franchement et d'être ambitieux ! Plus tu l'es et plus tu auras de chances de réussir !

Dans tous les cas, essaie surtout d'être spécifique, précis et chiffré.

Besoin d'aide ? Allez, je partage certains de mes objectifs avec toi !

À court terme (avant la fin de l'année) :

– Minimum 5 locataires supplémentaires.

– Faire au moins 2 voyages.

– atteindre 100 ventes par jour du livre que tu tiens dans les mains (n'oublie pas de mettre 5 étoiles sur le site de vente)

À moyen terme (horizon 5 ans maxi) :

– Dépasser les 10M€ d'actif net.

– Apprendre une langue supplémentaire.

– Développer les activités à l'étranger.

– visiter les 50 états des USA.

– Faire un PVT en Australie.

– Acheter un voilier

– Créer et développer une chaine de salle de fitness (style orange bleue, basic fit, …).

Long terme (horizon 10 ans et plus) :

– Concrétiser un projet impactant dans le secteur des énergies ou l'industrie agro-alimentaire.

– Partager mon expérience.

– Refaire une liste à ce moment-là !

Tu notes que mes objectifs sont précis et chiffrés. Les plus définis possible, avec une limite de temps.

Tu vas maintenant faire la même chose pour officialiser le début de la nouvelle vie que tu as choisie !

Écris ce qui te parle personnellement, pense à ce que tu veux vraiment atteindre... Des choses capables de te marquer à chaque fois que tu les ressens ! Utilise tes envies, tes manques, tes passions... Où veux-tu aller ? Tu es seul juge.

Fais-le maintenant.

Mes objectifs

-A court terme :

-A moyen terme :

-A long terme :

Merci de ta confiance. Tu viens, je l'espère, de donner un sens à tes actions futures.

À l'avenir, tu pourras repenser à ce moment… Retrouver tes objectifs. Tes actions iront naturellement vers ces objectifs. Tu auras toujours une source de motivation prête à l'emploi à portée de main. N'hésite pas à mettre à jour ta liste régulièrement.

Imagine la satisfaction que tu auras quand tu auras rayé le tout premier objectif… Pense à ceux que tu n'as même pas encore envisagés et qui vont s'ajouter par la suite…

Pour atteindre ce que tu veux vraiment, il faut maintenant mettre en place des actions ciblées et différentes de ce qui n'a pas fonctionné par le passé… Les rêves ne restent des rêves que tant qu'ils ne se réalisent pas. La seule différence entre le rêve et la réalité c'est de mettre en place les actions qui conduisent à faire arriver ce qui peut arriver.

Si tu as déjà essayé et que ça n'a pas marché, c'est normal. Rien n'est facile ! Il faut persévérer, changer des choses…

«La définition de la folie, c'est de refaire toujours la même chose, et d'attendre des résultats différents.»

Albert Einstein

L'immobilier est un bon moyen de t'aider à atteindre tes objectifs financiers. À moi de faire ma part du travail… Alors c'est parti : on y va !

Concept clé : **Choisir ses objectifs et adapter ses actions pour y parvenir. Prendre conscience de ce que l'on veut vraiment et mettre en place un plan d'action concret ! Il faut savoir après quoi on court pour savoir quoi faire pour y arriver.**

Les étapes à suivre :

– Quel est ton rêve ?

– Écrire ses objectifs pour commencer à agir, maintenant.

– Mettre en place un plan concret pour provoquer le changement.

– En cas de doute, regarder sa liste.

II. APPRENDRE

L'épargne

Comprendre l'impact de l'épargne sur sa santé financière tout au long de la vie et ses effets sur sa capacité d'investissement future.

L'épargne est obligatoire

– Pour sa propre sécurité

On est plus tranquille avec 15.000€ de côté qu'avec pas grand-chose… Telle la fourmi : quand un problème arrive, l'investisseur rentable est tranquille ! Il a affecté une partie de ses revenus à son épargne. Il débloque simplement un budget et fait face, sereinement.

– Pour la banque

Le banquier est celui qui a le dernier mot sur nos investissements. On n'a jamais envie de voir nos efforts liés à un futur projet hyper-profitable se réduire à néant à cause d'un refus de prêt ! On a déjà parlé de la tenue de compte : pas d'épargne = mauvaise note.

– Pour s'enrichir

L'épargne est l'un des 3 piliers de la richesse (avec le revenu et l'investissement).

Les personnes riches ont de l'argent de côté. Non pas parce qu'ils en ont trop, mais parce qu'ils savent à quel point c'est utile pour débloquer des situations périlleuses, ou pour réinvestir.

> – Un gros investissement à faire ? Débloquons un peu d'épargne !

> – Un prêt qui ne passe pas ? Un apport avec mon épargne !

> – Une voiture cassée ? Épargne de côté !

> – Une occasion en or se profile ? Épargne !

> – Un week-end en amoureux pour fêter ça ? Encore épargne !

Un bonus gratuit

La vraie force de l'épargne, c'est sa capacité à se multiplier grâce aux intérêts qu'elle rapporte.

Quand on place ces intérêts acquis pour augmenter encore l'investissement, ils s'ajoutent à la somme de départ. Ça entraîne encore plus d'intérêts, qu'on place encore... Et ainsi de suite. Effet boule de neige !

Si tu augmentes la somme placée, le temps de placement... et que tu places à nouveau les intérêts : la machine se met en marche. Les intérêts se multiplient, on dit qu'ils se composent.

Sur de petites sommes, c'est dérisoire. Par contre pour des placements plus importants, ça devient énorme !

C'est une courbe exponentielle. Plus elle augmente, plus elle... augmente vite !

L'argent appelle l'argent. Ça ne te dit rien ? On appelle cela les intérêts composés.

Voilà pourquoi les gens riches ont beaucoup d'épargne : pour qu'elle fasse des petits !

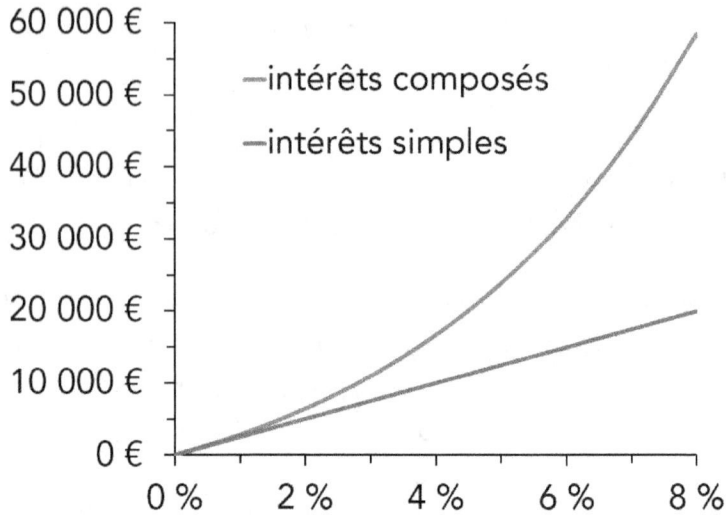

Différence de rendement entre intérêts simples et intérêts composés

L'important à comprendre ici, c'est que plus on a d'argent disponible à investir et plus on est susceptible de s'enrichir rapidement !

Nous avons déjà parlé de l'effet de levier bancaire, il nous permet d'investir bien plus que ce que nous possédons. Si nous additionnons les deux techniques, les rendements s'amplifient.

Je ne suis pas en train de te dire de faire un apport sur de l'immobilier, garde ça pour quand tu seras bloqué. J'essaie de te faire toucher du doigt l'importance de commencer à épargner dès maintenant.

Plus tu commences tôt et plus tu auras d'impact à long terme. Ensuite tu pourras investir cette épargne.

Sur un support d'investissement basique et aux taux actuels… ce n'est pas exceptionnel ! Mais avec des taux plus intéressants – comme en a déjà connu l'économie – ou sur des supports plus rémunérateurs et diversifiés comme la Bourse ou l'immobilier, ça devient beaucoup plus rémunérateur !

Le graphique qui suit te fera sûrement prendre conscience de l'importance du rendement de ton investissement et de la durée de celui-ci.

Commence maintenant, tu n'auras pas besoin de compter sur une hypothétique retraite…

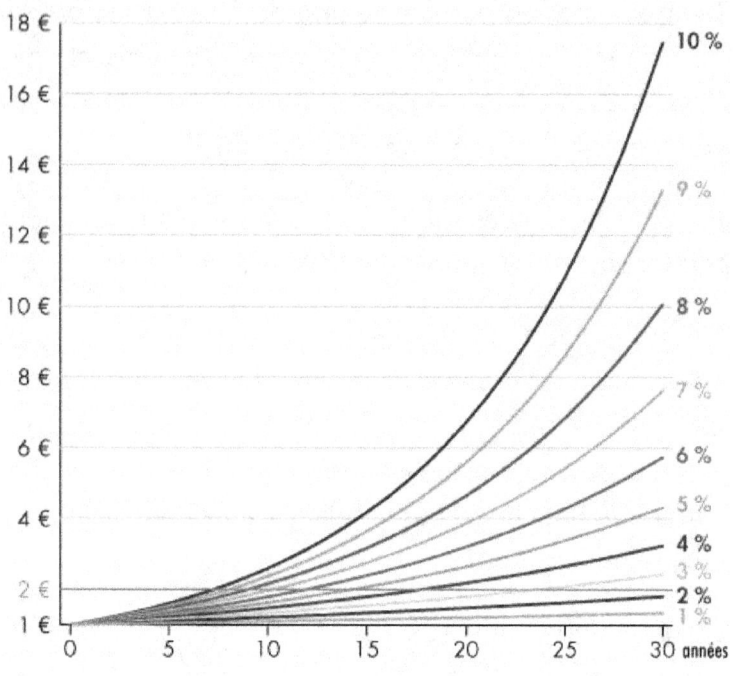

Évolution d'un euro investi en fonction du taux de rendement

OK, mais je n'ai rien à mettre de côté !

S'enrichir implique de faire un minimum d'efforts au démarrage ! Pour de l'argent sans effort : ouvre tes e-mails, va dans ton dossier spam et clique sur «gagner 10.000€ de l'heure en envoyant 20 mails par jour depuis une plage paradisiaque».

La plage paradisiaque viendra, mais mettons d'abord le plan de bataille en place !

Le système

Tu sais que je n'aime pas trop m'embêter avec des processus qui peuvent être automatisés ou simplifiés !

On va donc mettre en place un système ultra simple, une seule fois, et le laisser tourner en automatique. Tu seras étonné des résultats que tu auras rapidement et sans même y penser !

Tu connais Picsou, le canard le plus riche de Donaldville ? Il a un coffre-fort géant rempli de pièces d'or et de gros billets… De temps en temps, il se fait un petit plongeon dans le coffre pour nager au milieu de sa richesse.

Comment a-t-il fait pour devenir aussi riche ? Simple… Il a épargné !

On va faire comme lui : dès que tu es payé, tu perçois ton loyer, tu as une rentrée d'argent quelconque… Bref, dès que des revenus arrivent sur ton compte : tu vas mettre au coffre une partie du revenu.

Évolution d'un euro investi en fonction du taux de rendement

Mais attention, surtout pas en fin de mois, une fois que tu auras tout dépensé… Non, TOUT DE SUITE !

Tu vas déterminer un pourcentage de revenu à épargner et ne plus vivre avec. Tout simplement.

Tu vas mettre en place un virement AUTOMATIQUE de la somme, qui épargne pour toi sans y penser, dès que tu perçois tes revenus… Voilà c'est fini, plus la peine d'y penser.

Comme Picsou, tu vas mettre au coffre de l'argent, tous les mois.

Tu ne pourras pas le dépenser, car il ne sera plus sur ton compte courant !

Ce qui fait que tu as du mal à épargner, c'est que l'argent est là, prêt à être dépensé !

Quand tu consultes ton compte courant, si tu vois qu'il te reste 500€ pour finir le mois, tu dépenses automatiquement… Si les 500€ ne sont pas là, tu vas différer ou annuler certaines dépenses.

Exemple : Tu es payé 2000€ le 1er du mois. Le 3, un virement automatique s'active et envoie 350€ vers un autre compte. Tu ne t'en occupes pas, tu vis avec le compte courant seulement.

Tu supprimes l'autre compte de ta vue, tu ne le consultes jamais. Si tu as une application de suivi de compte, tu le masques.

C'est ton coffre-fort, il se rempliera sans aucun effort...

Bien sûr, si tu as une extrême urgence, tu pourras utiliser ton coffre-fort. Mais ne compte jamais dessus ! Efface-le de ta vue.

Cette technique paraît simple, mais elle est redoutable. Tu vas duper ton propre cerveau, sans douleur et sans effort. Ce qui n'est pas sous tes yeux n'est pas disponible, aussi simple que ça !

Peut-être le sentiras-tu le premier mois... Ensuite tes finances se rééquilibreront automatiquement.

Combien épargner ?

Ça va dépendre de tes revenus. Plus ils sont importants et plus le pourcentage épargné doit être élevé. Si tu gagnes peu, commence avec 10 % et augmente petit à petit de 5 % tous les mois. Quand ça devient intenable, tu n'as plus qu'à redescendre d'un palier ou deux et ne plus jamais y penser !

Si tu as de gros revenus, augmente ton épargne. Remplis ton coffre sans relâche et tes investissements passeront au niveau supérieur ! Tu n'as pas besoin de tous tes revenus pour vivre correctement. Diversifie tes placements avec de nouveaux virements vers d'autres supports.

N'hésite pas à être généreux, c'est un cadeau que tu te fais à toi-même ! Tu voyages dans le temps à chaque euro de plus mis de côté… Imagine que tu vas voir ton futur toi, tu lui offres un présent qui va s'ajouter à ses investissements pour doper ses rendements et améliorer sa vie !

J'épargne plus de 50 % de mes revenus et je m'en porte bien. Si j'ai une importante rentrée d'argent, je place systématiquement une grosse partie de la somme avant de me faire plaisir.

Quand mes revenus mensuels évoluent, j'ajoute 70 % du chiffre à mes différents virements automatiques et je ne consacre que 30 % à l'augmentation de mes dépenses personnelles.

C'est ça ma voie de la richesse. Combiné à l'investissement immobilier, c'est tout simplement redoutable !

Toi aussi, quand tu jetteras un œil à ton coffre-fort, à chaque fois ça sera encore plus étonnant, rapide, facile... Tu n'as pas hâte de connaître ton futur toi ?

Concept clé : **Eurêka ! Nous venons de créer un moyen de voyager dans le temps. L'épargne placée aujourd'hui s'ajoute aux actions à venir. On augmente ainsi toujours plus les revenus de notre futur moi.**

Les étapes à suivre :

— Mettre en place sa routine de virement automatique en début de mois.

— Être généreux sur la somme, tâtonner si besoin.

— Si les revenus augmentent (ou en cas de rentrée d'argent), épargner la plus grosse partie.

— Laisser faire, sans y penser.

Actifs / passifs

Les actions à mettre en place maintenant pour assainir ses finances et pouvoir passer à l'action dans l'immobilier.

Le monde est polarisé

Il est fait de plus et de moins, de oui et de non, de Ying et de Yang... À chaque force son contraire.

Les actifs et les passifs illustrent bien cette règle.

<u>**Schématisons les choses :**</u>

– Un **ACTIF**, c'est quelque chose qui te rapporte de l'argent, qui crée du revenu.

– Un **PASSIF**, c'est quelque chose qui te coûte de l'argent, qui crée des charges.

Pour gagner beaucoup... ou pour faire de l'immobilier comme un investisseur rentable, enchaîner les biens et atteindre nos objectifs les plus fous, il y a 2 règles d'or :

A/ SUPPRIMER LES PASSIFS ET METTRE EN PLACE DES ACTIFS

– Un **investissement immobilier** qui dégage du cash flow est un **actif**.

– Ta voiture est un **passif**.

– **Ton livret bancaire** ou ton **assurance vie** sont des **actifs**.

– Ton **crédit** renouvelable, tes **cartes de paiement** en plusieurs fois sont des **passifs**.

– Ton placement en **Bourse** est un **actif**.

– Ta **maison de campagne** (si elle n'est pas louée) est un **passif**.

Tu comprends l'idée ? Certains passifs sont bien sûr nécessaires et on n'a pas d'autre choix que de vivre avec... L'idée est de les limiter au maximum.

Introduisons maintenant la 2e règle d'or : la plus importante !

B/ NE JAMAIS FINANCER DU PASSIF À CRÉDIT

Le passif est comme un virus qui attaque ton organisme. Il rend malades tes finances ! Tout le temps perdu passé à le combattre, ce sont des possibilités d'enrichissement en moins.

Le passif à crédit est toxique, le crédit renforce encore son impact. Plus il s'accumule et plus on risque d'atteindre la dose létale !

Financer un passif à crédit, c'est se priver volontairement de ce qui te permet de t'enrichir grâce à l'immobilier : l'effet de levier. C'est comme utiliser le levier à l'envers pour se taper sur la tête plutôt que de l'utiliser pour sauter à la perche !

Le crédit (et le levier) devrait toujours financer des actifs pour être optimal. Surtout dans notre stratégie des Investisseurs Rentables.

On l'a tous fait !

Le cas le plus fréquent, c'est la voiture. Nous sommes nombreux à avoir fait cette erreur.

Avant de devenir un investisseur rentable – tout débutant et tout content -, j'étais le premier à acheter de grosses voitures à crédit.

Je me disais qu'en changeant souvent, en revendant bien, je ne perdrais pas d'argent et blablabla... Foutaises !

Je diminuais ma capacité d'endettement, je rendais mon banquier sceptique quant à ma capacité à gérer de gros investissements immobiliers... Bref, je me tirais une balle dans le pied tout seul !

J'adore les voitures, nous sommes presque tous dans le même cas, mais il faut se raisonner.

Vivre légèrement en dessous de ses moyens, en épargnant automatiquement en début de mois, tu te rappelles ? Et pourquoi ne pas aussi acheter cash et ne pas s'auto-saborder ? Prendre le temps de gagner notre argent avant de le dépenser... C'est la seule voie de l'optimisation financière.

Aujourd'hui, j'achète tous mes véhicules cash. J'ai aussi ajouté une règle assez simple pour rester raisonnable : je me force à ne pas consacrer à mon véhicule plus de 5 % de mon patrimoine net total. Pour quelqu'un qui aime les voitures, ça motive pas mal pour se bouger !

Trop tard...

Tu as déjà des crédits sur le dos pour financer des passifs ? Pas de panique, il faut bien faire des erreurs dans la vie... Heureusement, tout se corrige !

Mettons un plan d'action en place pour remettre tes finances d'aplomb.

Premièrement, tu vas utiliser une partie de ton épargne pour rembourser par anticipation tout ce qui est possible (hors résidence principale) :

– Solder les petits crédits ou augmenter les mensualités des gros. Regarde dans les conditions générales de chaque prêt comment t'en tirer au mieux et à moindres frais. Agis dès maintenant, ne continue pas à repousser le problème !

– Se séparer de toutes les cartes de crédit renouvelables, paiements différés, 3 fois sans frais, 10 fois sans frais... Encore des moyens de financer des passifs toxiques qui attaquent ta santé financière. Jette tout ça au feu !

– Vendre pour faire du cash. Je suis absolument certain qu'il y a au moins 10 objets de valeur chez toi qui ne servent plus et qui prennent la poussière, que tu pourrais revendre. Tu peux sans aucun doute récupérer quelques centaines, ou milliers d'euros rapidement. Utilise l'argent pour rembourser des crédits. Mets le reste de côté.

– Prioriser la suppression des plus gros passifs. Grosse voiture à crédit, résidence secondaire utilisée seulement une ou deux fois par an… C'est le moment d'agir et de vendre ! Que pourrais-tu rembourser avec les sommes récupérées ? Pourquoi ne pas investir ou se constituer un trésor pour plus tard ? L'argent sera assurément mieux utilisé pour financer de l'actif ou ton épargne de sécurité.

Pour être riche, il faut savoir l'être

La stratégie des investisseurs rentables est pleine de bon sens. Plus tu la découvres et plus tu te rends compte qu'il n'y a pas de magie. Il y a seulement des actions importantes à mettre en place pour avoir un gros impact sur tes finances futures.

Gagner beaucoup d'argent avec l'immobilier est possible, mais il faut se donner les moyens d'abord.

Si tu ne le fais pas, tu ralentiras ta progression. La banque, elle, ne fera pas de cadeaux…

Tu n'as pas écrit des objectifs à atteindre un peu plus tôt ? Action !

Le point sur le crédit

Tu l'as compris : les passifs c'est mal, à crédit c'est encore pire !

Une précision cependant : ce n'est pas le crédit en lui-même qui pose problème. L'emprunt permet d'utiliser le levier pour multiplier les effets… Mais le levier fonctionne dans les deux sens ! Il accélère l'enrichissement comme les dettes.

Ne tombe pas dans le piège de devenir allergique à l'emprunt et de tout vouloir financer cash.

Le crédit est un multiplicateur obligatoire pour atteindre nos objectifs. C'est une arme puissante qu'il faut savoir manier avec précaution. Si tu connais son fonctionnement, tout se passera bien.

Concept clé : Financer des passifs à crédit, c'est les laisser infecter notre santé financière. Pour les combattre, utiliser des actifs : matin, midi et soir.

Les étapes à suivre :

– Lister ses passifs.

– Diminuer leur impact, en rembourser un maximum.

– Ne plus jamais financer un passif à crédit.

– Utiliser l'emprunt pour financer des actifs et profiter de l'effet de levier dans le bon sens.

Mieux gérer ses dépenses : faire plus avec moins

Des techniques simples pour dépenser moins sans difficulté. Comment être plus heureux tout en épargnant plus ? Favoriser deux piliers de la richesse : l'épargne et l'investissement.

Dépenser moins et être plus heureux ?

On cherche tous quelque chose de différent dans la vie... Bien souvent, l'argent peut nous l'apporter par la liberté qu'il procure. Le piège, c'est de l'utiliser pour s'enfermer encore plus au lieu de s'en libérer.

Quand mon revenu s'est mis à augmenter, j'ai réagi comme tout le monde. Je me suis mis à dépenser, dépenser, dépenser encore. Juste parce que je le pouvais... Après tout, quand il te reste plein d'argent sur ton compte en fin de mois, pourquoi ne pas le dépenser ?

J'aime bien analyser tout ce qui m'arrive, alors je me suis mis à réfléchir à la situation. J'ai étudié ce phénomène et comment d'autres – avant moi – l'avaient géré. Ça m'a sauvé pour ne pas sombrer dans ce fonctionnement.

Avais-je vraiment besoin de 4 montres et de 25 paires de chaussures différentes ? Pourquoi étais-je attiré d'abord par le prix avant la qualité ou le contenu des choses ? Que cherchais-je à compenser ?

Je n'ai pourtant jamais manqué de rien..

Une bouteille de vin à 400€ n'est pas 20 fois meilleure qu'une bouteille à 20€ ! Peut-être 3 ou 4 fois seulement… Et encore ! C'est la rareté et le marketing qui font le prix.

La différence de prix est certainement justifiable pour un marchand de vin ou un collectionneur, mais est-elle justifiée pour un usage normal ? J'entends par là : boire la bouteille.

Juste un objectif intermédiaire

Je crois que lorsque tu atteins une partie de tes objectifs financiers (doubler ton salaire, gagner X euros par mois avec l'immobilier, rentrer beaucoup de cash d'un seul coup, etc.), tu as envie de célébrer un peu les choses et de te faire plaisir.

Je ne dis pas que c'est foncièrement mauvais, mais en tant qu'investisseur rentable, je me devais de me recentrer sur une stratégie globale plus solide pour aller chercher mes objectifs à long terme !

Les objectifs, tu te rappelles ? C'est ma référence pour avancer.

La maîtrise des dépenses fait partie intégrante du système. Je ne cherche pas à tout optimiser pour me ralentir ensuite.

J'ai alors cherché du côté du minimalisme et de toutes les techniques permettant de dépenser moins tout en étant plus heureux. Il y a un vrai mouvement qui existe en ce sens dans beaucoup de pays développés ! J'ai alors adapté certains préceptes à ma situation.

Nous sommes régulièrement attirés par des objets ou des dépenses inutiles, facilement évitables ou largement surévalués par rapport au service rendu.

Tu trouveras ci-après une sélection des préceptes que je trouve les plus efficaces. En les adaptant à ta situation personnelle et à tes revenus, ils t'aideront à améliorer ta gestion financière.

Se payer des expériences plutôt que des objets

Voilà certainement la clé de ce qui m'a ramené à la raison ! Contrairement aux objets, les expériences restent gravées dans ta mémoire. Ce sont elles qui te procureront des souvenirs inoubliables.

On a tous un souvenir de voyage... De vacances avec des amis ou de la famille. Une promenade un après-midi ensoleillé, un loisir inédit pratiqué avec quelqu'un qu'on aime... Un fabuleux repas dans un restaurant étoilé, une nuit d'hôtel dans un établissement époustouflant.

Le simple souvenir de ces expériences me procure deux fois plus de bien-être et de satisfaction que mes plus belles chaussures ou ma montre la plus chic. Peu importe l'argent que j'y ai consacré.

Les expériences n'ont pas de hiérarchie déterminée par leur prix.

Le pouvoir des expériences l'emporte sur les possessions matérielles. Pour preuve, les grandes marques de luxe l'ont aussi compris. Plus que leurs objets, c'est l'expérience qui reste dans la tête de l'acheteur.

Pour renforcer «l'expérience utilisateur», elles améliorent la prise en charge du client en lui faisant vivre un moment extraordinaire. Le comblant de petites attentions, de traitement VIP...

Le client ne se souviendra pas nécessairement de son achat et de l'objet en tant que tel, mais de tout le processus... Et des émotions en jeu autour de celui-ci.

Fais le test au cours des prochaines semaines : alloue une plus petite partie de ton argent aux possessions matérielles et privilégie les expériences. Tu seras étonné de la satisfaction que tes proches et toi-même en retirerez. Indépendamment de l'argent mis en jeu.

La technique entrée/sortie

«Ok Tony, j'ai saisi l'idée. Mais comment je fais concrètement pour me libérer un peu du matériel ?»

J'ai le même problème que toi. Pour commencer, j'essaie de ne pas être un conservateur acharné. Je fais le ménage dans mes possessions assez facilement. Je vide les placards, je jette, je donne, je vends... Mais ce n'est que le début de la démarche.

Ce qui marche vraiment bien, ce qui permet de se rendre vraiment compte de sa consommation, c'est la technique de l'entrée-sortie.

C'est ultra simple : si tu fais entrer un objet chez toi, alors un autre doit en sortir. C'est la règle, pas moyen d'y déroger... Je m'amuse à l'appliquer depuis quelques mois et c'est formidable !

Tu peux l'appliquer sans limites : tu achètes un livre, tu donnes un livre.... Tu achètes des chaussures, tu te sépares d'une paire...

Les objets qui sortent peuvent être recyclés, vendus, ou même donnés. Donner est d'ailleurs clairement une expérience très satisfaisante.

Ton cerveau va faire le travail tout seul. Il va intégrer le concept et se mettre en mode «on ne garde que l'essentiel». Du coup, à l'avenir, tu n'auras aucun mal à te séparer du futile, de l'inutile. Ça sera autant de temps (et d'argent) gagné pour faire de la place aux expériences !

Si tu as des enfants, tu peux les faire participer et leur expliquant qu'il faut faire des choix. En présentant les choses comme un jeu, une sorte de super chasse au trésor inutile, ils seront très réceptifs et s'amuseront beaucoup. Un bon moyen de leur apprendre le partage et le recyclage.

La technique des moines bouddhistes

Tu es plutôt quelqu'un d'impulsif ? Tu as du mal à te contrôler dans les magasins ? Tu es du genre à faire des achats irraisonnés ? Voici une autre technique redoutable. Les magasins ne veulent PAS que tu la connaisses. Ça met par terre une grosse partie de leur stratégie commerciale.

<u>Mettons-nous en situation :</u>

Tu es devant le dernier iPhone, le dernier écran plat 3D ou une magnifique paire de chaussures que tu n'avais pas dans cette couleur-là (je fais une fixation sur les chaussures).

Tu as chaud, tu trembles, tes mains sont moites. D'un côté tu te dis que *«vraiment, ça serait trop bien d'acheter ça»* et que *«finalement, c'est pas si cher»*. Au pire, tu feras attention cette fin de mois. Au pire, tu ne sortiras pas avec tes amis vendredi soir… Tu peux bien annuler ce dîner au restaurant. Tu es à deux doigts de craquer.

Tes mains touchent et retournent le produit, tu sens cette odeur de neuf et la satisfaction qu'elle te procurera dans les quinze prochaines minutes.

Puis tu rentreras chez toi et tu commenceras à oublier...
À douter parfois, ou carrément à regretter !

Le mieux dans ces cas-là, c'est de dire : *«ok, j'adore ce truc et je pense que j'en ai vraiment envie. Pour être sûr que j'en ai vraiment envie (besoin), je vais passer trois jours de plus sans l'acheter ! Si vraiment, je ne peux pas vivre sans pendant trois jours. Je reviens me le payer.»*

Pendant les trois jours, tu vas vaquer à tes occupations. Vivre d'autres choses et te mettre hors du contexte d'achat compulsif. 90 % de ton envie d'acheter va s'envoler. Sans aucun effort.

Ton esprit inconscient va faire tout seul le travail d'analyse de tes besoins. Tu n'auras même pas à y penser. Au bout des trois jours, tu auras la réponse à ta question. Dans 80 % des cas, tu n'achèteras pas.

Élémentaire ? Observe un peu le comportement des gens dans les magasins face au marketing... Tu verras que connaître les combines n'empêche pas d'y céder.

Moins de possessions = Moins de besoins = Moins de dépenses = Plus d'expériences = Plus d'épargne = Plus d'investissements dans des actifs = Plus d'argent = Plus d'expériences = Plus d'épargne = Plus d'investissements dans des actifs = Plus d'argent...La machine est lancée !

Ces techniques servent notre système

La vraie richesse, c'est le bonheur. Ainsi que la liberté. Pour atteindre la liberté, qu'on le veuille ou non, il faut de l'argent. Notre monde est ainsi fait.

L'argent n'achète pas le bonheur, mais le manque d'argent n'achète rien

Nous autres, investisseurs, sommes conscients que pour obtenir l'argent qui nous permet la liberté, il nous faut mettre des techniques en place pour que le chemin soit aisé et sans douleur.

Les investisseurs rentables font PLUS avec MOINS :

À quel niveau définis-tu la richesse ? Beaucoup de gens disent 10.000€ par mois… En dépensant 8.000€, je suis d'accord, mais si mes besoins sont inférieurs, je suis riche bien plus tôt !

À toi de définir tes chiffres.

Concept clé : Dans l'imaginaire collectif, le rentier est un vieux Monsieur qui vit dans un château avec un caniche royal et une voiture décapotable vintage...

Et si tu touchais 2.000€ net par mois, issus de tes rentrées locatives ? En plus de tes autres revenus. Si cet argent te permettait de décider de ta vie future ? Sans être enchaîné à un travail, des obligations, une vie «normale». Te considérerais-tu comme rentier ?

Les investisseurs rentables sont des rentiers du bonheur et de la liberté.

Les étapes à suivre :

– Prendre conscience des objets inutilisés.

– Se payer des expériences plutôt que du matériel.

– Une entrée = une sortie. Donner, vendre, recycler...

– La Technique du moine bouddhiste.

– Plus d'épargne = plus d'investissement dans des actifs.

– Penser à ses objectifs.

– Savourer sa liberté.

Choisir les biens

Définir sa stratégie et avoir toutes les flèches à son arc pour pouvoir agir et réussir.

Vide / meublé / saisonnier

Que choisir ? Qu'est-ce qui est le mieux ? Comment payer moins d'impôts ?

Ce sont des questions que je reçois tous les jours. Quand je discute avec des investisseurs, je me rends compte que rares sont ceux qui ont fait les choses dans l'ordre !

Il y a assez de bouquins, de ressources, de sites internet sur le sujet purement technique des modes de calcul.

Mais ça n'est pas le sujet de ce livre, et ça n'est surtout pas le plus important !

Encore une fois, avant de penser optimisation fiscale et déductions, j'aime à emmener les gens que j'accompagne vers une réflexion plus profonde et plus importante pour la réussite long terme de leurs investissements. N'oublions pas que ce qui nous permet de nous enrichir, ce sont nos locataires (ainsi que la banque !).

Quoi de plus efficace que de voir notre activité à la manière d'une entreprise ? Ne serait-ce pas le modèle économique qui conviendrait le mieux ?

> – Une entreprise cherche à faire des profits, comme nous.

> – Une entreprise a pour but de fournir le meilleur service possible à ses clients, en échange d'une rétribution, comme nous.

> – Elle ne fait pas les choses au hasard. Avant de penser à optimiser sa fiscalité ou à faire des économies d'échelle sur son processus de fabrication, il n'y a qu'une chose qui l'intéresse : tester son marché, son concept, son produit.

À quoi bon mettre la charrue avant les bœufs si l'objet même de l'entreprise ne trouve pas son public ?

Pour nous autres, investisseurs, c'est la même chose.

Le produit

Notre produit est notre bien immobilier.

Tu vas fournir un service, un locataire va vivre chez toi. Ton produit doit être de la meilleure qualité possible pour que ton client (locataire) ait envie d'acheter (louer).

Pour cela pas de secret, une seule question : dans quoi aimerais-tu vivre ? C'est toujours un bon indicateur...

Quand on me demande comment faire pour les rénovations, quoi mettre au goût du jour, par où commencer... Je commence toujours par là : si tu traites ton locataire comme tu voudrais qu'on te traite à sa place, tu n'auras jamais de problèmes.

1/ Les éléments structurels sont la priorité : des murs en mauvais état, de vieilles fenêtres pas étanches, de l'humidité dans la salle de bain, un chauffage capricieux...

Ces éléments sont à la base du confort du logement et sont aussi les premiers que l'on remarque.

2/ La cuisine, très importante : elle crée souvent le coup de cœur ! Elle doit être propre et actuelle.

Quelquefois, un simple coup de peinture et le changement des poignées suffisent à lui redonner une nouvelle jeunesse.

Si l'électroménager est vétuste, on change ! Ça dure longtemps et ton locataire s'en servira tous les jours. Rien de pire qu'un four de 20 ans fossilisé dans sa graisse…

3/ La salle de bain, encore un élément coup de cœur !
Mais elle pose souvent problème…

La décoration a beaucoup évolué en quelques années. Il est loin le temps des lavabos sur colonne et des bidets de notre enfance… Place aux douches à l'italienne, aux meubles vasques et autres sèche serviettes.

Le problème avec tout ça, c'est que c'est souvent une grosse dépense. Déposer et reposer de la faïence peut être relativement indolore… Sauf si la pièce est complètement attaquée par l'humidité !

Les travaux ne seront pas sans conséquence pour ton portefeuille tant les pièces humides ont tendance à se dégrader plus vite. Les standards de construction ayant évolué, il faudra sûrement aussi prévoir de modifier les réseaux et l'étanchéité…

Dans tous les cas, prévois un chiffrage précis. Les artisans sont tes meilleurs alliés. Fais faire au moins trois devis par de bons plombiers et des plaquistes-peintres/carreleurs. La note grimpe vite si tu dois rénover cette pièce en profondeur. Il est rare d'y consacrer moins de 4.000€.

Le marché

Ton marché, c'est l'adéquation de ton emplacement avec le public visé.

Encore une fois, pas de recette toute faite, pas de formule magique qui fonctionne partout. Tu dois prendre en compte les spécificités de chaque secteur et te poser les bonnes questions.

Qui sont tes consommateurs ? Qui sera susceptible de te louer ? Y a-t-il une école, une usine, une faculté ?

Tu dois dresser le portrait-robot de ton futur locataire type afin d'adapter tes actions au mieux.

Un T4 dans le quartier des facs se louera plus difficilement que dans les beaux quartiers... Peut-être faudra-t-il plutôt penser à la colocation.

Tu es dans une zone touristique ? Intéresse-toi à la demande. Est-elle abondante ? Est-elle saisonnière ou continue sur toute l'année ?

Une maison dans une commune très ouvrière, avec une grosse usine qui emploie beaucoup de monde te garantit de louer sans mal. Mais quel est son avenir si l'usine ferme ses portes ?

Quel est l'état de la concurrence sur le secteur ? Il n'y a que des appartements et pas de maisons ? L'inverse ? Une pénurie de parkings ? Beaucoup de commerces et peu d'appartements ?

En dressant le portrait de ton locataire type, non seulement tu vas pouvoir lui adapter ton produit, mais en plus tu vas générer des arguments de négociation ! Profite des points négatifs du bien pour faire baisser le prix. Tout est bon à prendre pour augmenter ta rentabilité...

Le concept

Tu vas pouvoir décider du type d'investissement optimal. On ne choisit pas notre investissement sur des critères subjectifs ! Ça va nous éviter les bêtises du genre *«il y a moins d'impôts en meublé, donc je fais du meublé»*. Si tu fais un meublé de 25m² dans une ville de 10.000 habitants, avec une majorité de personnes qui travaillent à l'extérieur et qui vivent dans des maisons avec jardin... ça va être compliqué !

Nous cherchons à être des investisseurs rentables. Le but n'est pas de combler le cas particulier. Garde en tête que c'est de ton patrimoine qu'il s'agit ! Tu dois chercher à te garantir la meilleure balance risques/bénéfices.

Comme une entreprise, nous cherchons la sécurité et l'efficacité pure. Ça implique d'optimiser tous les facteurs dès le début.

Le prix

Pour savoir où placer ton prix sur le marché, il faut étudier tes concurrents. Une simple recherche par quartier et par superficie sur «le bon coin» te donnera les prix moyens des locations sur ton secteur.

Je te conseille de viser la fourchette haute de cette moyenne. Non seulement car ton but est de gagner plus d'argent, mais aussi car cela te permet de donner une valeur perçue supérieure à ton bien, attirant des locataires plus aisés.

En contrepartie, tu devras fournir un bien de qualité, sous peine de ne pas trouver preneur. Je te le rabâche sans arrêt : qualité, qualité, qualité !

La facilité de mise en place

Pourquoi se rajouter des difficultés avant d'avoir commencé ? Le lionceau doit chasser sur son propre territoire avant de conquérir la savane.

Sans connaître ton secteur, je peux déjà te dire que «près de chez toi» est un endroit optimal (sauf Paris). En effet, tu sais où sont les écoles, les commerces, les points d'intérêts. Tu connais les plus beaux quartiers, les endroits infréquentables et les meilleurs restaurants... C'est un avantage déterminant !

Tu vas pouvoir visiter facilement, sans perdre du temps (et de l'argent) dans les transports. Tu vas exercer ton œil à moindre coût, apprendre ton marché et comprendre les rouages de l'immobilier, à ton rythme.

Si tu trouves une bonne affaire, tu pourras revenir plusieurs fois. Faire des devis, avoir plusieurs avis... Quand viendra le temps de l'achat et des travaux, tu ne regretteras pas de pouvoir passer vérifier l'avancement de ton chantier, en coup de vent, sans avoir besoin de le prévoir trois jours à l'avance.

À la mise en location, tes visites se feront vite et bien...
La gestion sera aussi plus aisée. Un locataire qui change,
un souci, un dégât dans l'appartement ? Pas de
problèmes, tu es là dans quinze minutes !

Je le conseille à tous les débutants. On a vite fait de se
dégoûter quand la moindre broutille nous monopolise
trente minutes de trajet à l'aller – cinq minutes sur
place – trente minutes de trajet au retour (bouchons
non inclus).

Après tes premiers investissements, tu pourras aller
chercher plus loin si tu le souhaites, en connaissance de
cause. Tu auras vécu tout le processus et tu sauras à
quoi t'attendre ! Même si la charge de travail au jour le
jour est assez faible..., quand ça tombe au mauvais
moment, tu as vite fait d'être embêté.

Beaucoup d'investisseurs rentables expérimentés
gèrent de multiples biens, parfois loin de chez eux. Ils
vont chercher une rentabilité supérieure, un marché
plus clément... Encore aujourd'hui, on trouve de
superbes affaires ! Des immeubles géniaux, des lots à
optimiser, des ensembles à faire évoluer...

Cela sous-entend de mettre son patrimoine en gestion
et de céder une partie de rentabilité, ou d'être très
disponible pour pouvoir parer aux éventualités.

Ma stratégie part du principe que le temps (et tes premiers investissements) te permettront d'atteindre ce niveau dans le futur.

Encore une fois, les premiers investissements seront déterminants pour la suite, c'est mon devoir de faire en sorte que tu mettes toutes les chances de ton côté. Avant de manier un bazooka il faut savoir se servir d'un bon lance-pierre ! En cas de doute, ton banquier aussi saura te le rappeler !

Le cas immeuble

« Je suis propriétaire d'un immeuble. »

La première fois que des gens entendent cette phrase sortir de ta bouche, il est probable qu'un léger silence circonspect s'installe… Dans l'inconscient collectif, l'immeuble est un truc en béton immense, très cher, avec plein de gens à l'intérieur.

Si je te disais que tu peux tout à fait viser ce genre de biens ? Même au début !

«Mais tu m'as dit qu'il fallait commencer petit.» Non, pas petit : optimisé !

Un immeuble n'est pas forcément toujours énorme. Il y a beaucoup de petits ensembles de 2 ou 3 lots. J'en visite très fréquemment. Ils ne sont d'ailleurs pas beaucoup plus chers qu'un grand appartement…

Ces produits sont puissants. Ils ont plusieurs avantages, et aussi des inconvénients dont il faut tenir compte :

– Tous tes biens sont au même endroit : Tu as beau posséder 2, 3 ou 4 appartements, ta gestion est grandement facilitée ! Tes premiers locataires auront même le privilège de choisir l'appartement qui leur plaît le plus. Les diverses réparations/améliorations peuvent être mutualisées. Les prix sont négociables. C'est aussi moins de trajets et plus de facilités à garder un œil sur ton parc locatif.

– Tout passe par toi : Pas de syndic qui fait le tampon et qui règle les problèmes ! En échange, pas de frais. Pas non plus d'Assemblée Générale à subir, pas de copropriétaires... Tu es seul maître à bord.

– Les charges sont plus faibles : C'est vrai, mais c'est incomplet. Disons qu'elles sont plutôt ventilées différemment. Outre les charges de syndic inexistantes, tu auras tendance à mieux gérer tes dépenses et à optimiser tes travaux. Par une meilleure mise en concurrence, la facture de réfection de la cage d'escalier sera certes moins chère, mais tu la paieras tout seul ! Pas de prorata en fonction de la copropriété. Le jour où la toiture sera à refaire, tu devras aussi l'assumer seul. Il te faudra donc faire preuve de plus d'anticipation.

– Il existe souvent des axes d'amélioration : Combles inutilisés, pièces à l'abandon, garages, terrain attenant... Il n'est pas rare que les immeubles aient des bonus cachés ! En tant que seul maître à bord, les décisions t'appartiennent. Imagine ce que peut devenir la rentabilité d'un immeuble déjà rentable si tu peux y ajouter un appartement, louer des garages en sus, ou revendre un bout de terrain...

– Plus d'exposition au risque : En tant que seul propriétaire, tu assumes 100 % du risque. S'il y a de gros dégâts, un sinistre important... personne pour te soutenir !

– Ton investissement n'est pas diversifié : J'ai déjà eu le cas d'un locataire difficile... Je ne l'avais pas choisi, j'ai acheté alors qu'il était déjà dans les lieux. Il ne payait pas, était désocialisé, avait des fréquentations bizarres... Ça m'a certes permis de méchamment négocier le prix..., par contre après l'achat, j'étais seul à en assumer les conséquences ! Dans ce genre de cas, tu te rends compte à quel point une seule personne peut dégrader l'ambiance de tout un immeuble. Et par ambiance, j'entends tranquillité et qualité de vie ! Avec un immeuble, tu as tous tes œufs dans le même panier, pas question de les laisser pourrir.

Le cas parking

Les parkings... J'ai un avis très mitigé sur le sujet.

D'un côté, ils sont peu chers et les rentabilités sont assez bonnes. Les places de parking se louent bien, à condition d'être dans le centre d'une grande ville.

Si c'est un garage couvert, tu peux optimiser. Louer en garde-meubles par exemple. Beaucoup de gens louent des garages pour en fait entreposer des affaires...

Ou pourquoi ne pas louer deux ou trois places de stationnement à des motos plutôt qu'une seule place à une voiture ? La rentabilité sera bien meilleure.

Dans les grandes villes, les motards ont besoin de garages fermés pour ne pas voir leur prime d'assurance exploser...

– Sur la forme, je dis oui : À condition d'être dans une grande ville et de trouver la bonne affaire (le prix des places est de plus en plus surévalué). Les loyers étant tout de même faibles, ça m'embête quand même de mettre autant d'énergie à prospecter pour si peu de cash flow...

– Sur le fond, je dis non : Je pense que les places de stationnement sont vouées à perdre de la valeur à terme. Ma méthode rentable ne m'autorise pas à investir dans un actif auquel je ne crois pas...

Premièrement, toutes les villes se dirigent vers une politique sans véhicules. Pour des préoccupations écologiques et aussi pour améliorer la fluidité des transports en priorisant d'autres modes de déplacement...

Deuxièmement, des progrès énormes dans le domaine de la voiture autonome ont été faits. La technologie est en constante accélération. Tous les constructeurs automobiles ont maintenant un pôle qui lui est dédié, pour ne pas se laisser distancer.

- Les Google cars ont déjà effectué des millions de kilomètres en totale autonomie.

- Tesla a déjà implémenté l' «autopilot» sur ses véhicules en circulation dans le monde entier. On en croise partout aux États-Unis et de plus en plus sur nos routes.

Le mouvement s'accélère très fortement et tous les experts se rejoignent pour dire que la révolution est pour bientôt... Très bientôt !

Uber prévoit de déployer des investissements colossaux dans une flotte complète de véhicules 100 % autonomes. Les tests sont déjà lancés. Tu pourras les appeler au besoin, depuis ton smartphone...

Comme on prend le bus ou le métro, dans le futur on commandera une voiture autonome.

Résultat : Dans les métropoles, on aura de moins en moins besoin de posséder un véhicule. Les modes de déplacement vont évoluer, pour le plus grand intérêt de l'homme et de l'environnement.

Ce constat fait, je ne peux me résoudre à conseiller d'investir dans des stationnements.

Bien sûr, j'en loue moi-même... Quand ils font partie d'un lot ! À condition de les acheter globalisés dans une opération plus importante.

Tu vas me dire que j'extrapole et que je vais trop loin... Mais je tente d'optimiser mes choix ! Je ne te dis pas de fuir les parkings comme la peste, mais je pense qu'il faut avoir en tête que les modes de consommation des véhicules vont évoluer.

On trouve des méthodes complètes d'investissement dans les parkings, en mode hyper rentable et super accessible... Oui, c'est facile d'acheter un parking, deux parkings, dix parkings ! Mais ils ne sont qu'un plus. La cerise sur le gâteau d'un investissement déjà rentable. Pas un vecteur d'enrichissement long terme.

Je n'investis pas dans un bien auquel je ne crois pas à long terme ! L'immobilier est pour moi un placement long terme, même si des arbitrages sont fréquents pour passer au palier supérieur.

Quand j'achète quelque chose, j'aime à me dire que mon argent est en sécurité, question d'optimisation !

Les ressources sur le sujet ne manquent pas, libre à toi de te faire ta propre idée.

Concept clé : Plusieurs types d'investissement sont à ta disposition. Avant de choisir les détails, concentre-toi sur les fondamentaux. Reste lucide en fonction de ton environnement, il évolue constamment. Il n'y a pas de recette miracle qui s'applique à tout le monde.

Les étapes à suivre :

– Étudier son marché.

– Optimiser son produit et faire de la qualité.

– Aller au plus simple.

– Investir au plus près de chez soi.

– Ne pas négliger les immeubles, comprendre leurs spécificités.

– Les parkings sont un plus, pas un investissement long terme.

Ne pas se tromper

Analyser et trier les biens pour visiter les plus prometteurs. Repérer les bonnes affaires facilement.

Avant : sélection des biens à visiter

C'est un travail fastidieux. En période de recherche, tu vas devoir veiller attentivement le marché, car tout va vite ! Les bonnes affaires ne restent en général pas très longtemps sur le marché...

L'avantage déterminant que l'on a par rapport à avant, c'est Internet ! Si tu n'es pas à l'aise avec cet outil, il va falloir t'y mettre...

En France, l'écrasante majorité des annonces immobilières passent par «le bon coin». Ce constat va nous permettre de veiller le marché sans s'embêter...

La période de recherche est une période clé dans la vie de tes investissements. Tout va découler de ce moment. Il va te falloir la patience du vieux sage pour visualiser des centaines d'annonces – parfois pendant des semaines – et la rapidité du ninja pour réagir vite et bien quand quelque chose se présente.

Voici comment procéder pour tout voir, vite et bien :

1/ Borner sa recherche : Dans le chapitre précédent, on a parlé de la zone géographique. C'est le moment de s'en occuper. Applique un premier filtre à ta commune, ou une zone autour de toi (par exemple 5 km, c'est suffisant).

2/ Définir un prix maximum : Inutile de voir des biens intouchables. Nous avons vu plus tôt notre capacité d'endettement… Définis le prix maximum deux fois plus haut (pour prendre en compte la négociation et les loyers à venir).

3/ Ensuite… C'est tout ! Je ne ferme aucune porte. Maisons, appartements, immeubles… Je laisse vierge. Ces deux critères à eux seuls m'assurent un écrémage maximum des annonces. Je suis assuré de ne voir que des biens dans mon secteur et dans mes prix. Sans me couper des opportunités possibles auxquelles je n'aurais pas forcément pensé.

Tu vas me dire que ça fait encore beaucoup d'annonces à voir…

Il faut savoir que les annonces sont validées par les équipes du bon coin de six heures du matin à minuit à peu près… Tu peux donc découper ta journée afin de n'avoir que quelques annonces à consulter à chaque fois.

Je regarde une première fois le matin, au petit déjeuner. Je passe en revue toutes les annonces que j'aurais pu rater la veille. Ainsi que celles validées tôt le matin.

Je laisse passer la matinée… Et jette un œil après le repas de midi. Je n'ai qu'à appliquer les mêmes critères et remonter jusqu'à l'heure du petit déjeuner pour n'avoir que quelques annonces à visualiser.

Idem en soirée, avant de me coucher. Je remonte jusqu'à l'heure de midi pour passer en revue les annonces validées l'après-midi…

En procédant de la sorte, tu es sûr de voir absolument tout ce qui se vend sur ton secteur !

Les résultats ne se feront pas attendre. Si un bien est intéressant, tu seras systématiquement parmi les premiers à appeler.

Pour les vraies bonnes affaires, c'est la clé ! Généralement, un vendeur qui reçoit trente appels et planifie quinze visites désactive son annonce pour ne pas avoir à jouer la secrétaire 24h/24.

Avec cette technique, tu acquiers une connaissance très pointue de ton marché : les prix rentrent dans ta tête ! Les types de bien, les prix au m², les possibilités… Ton cerveau enregistre tout, sans que tu aies à y penser, et ton expertise grandit.

Une des problématiques récurrentes des débutants est de savoir évaluer les prix du marché. Existe t-il des recensements ? Oui ils existent, les notaires les publient. Mais ils sont en retard de plusieurs mois et peu précis… Rien ne remplace ta connaissance personnelle de TON marché ! Très bientôt, tu seras capable d'estimer les biens par toi-même.

«Mais en faisant comme ça, je vais rater toutes les annonces plus anciennes. Celles qui étaient en ligne avant que je commence».

Oui, c'est un fait. Mais il faut bien commencer un jour ! Encore une fois, c'est une question d'efficacité : passer mille annonces en revue est contre-productif. Mieux vaut avoir un échantillon de biens facile à traiter. Le temps fera le reste.

Il n'y a pas d'urgence, tu peux rester en phase de recherche pendant deux semaines comme deux mois. C'est un marathon, ne t'épuise pas dès le début.

«Ok, mais au bout de combien de temps je vais trouver ?»

Il n'y a pas de temps défini. Ça dépend du secteur et de chaque marché… Tu peux passer en revue cinq mille annonces pour ne visiter que cinquante biens, faire dix offres refusées (on en parlera dans le chapitre sur la négociation) et finir par n'acheter qu'un bien ! L'important est de ne pas se décourager si tu ne trouves pas tout de suite.

Beaucoup d'investisseurs débutants pestent et m'écrivent pour me dire que, chez eux, les biens rentables n'existent pas ! Que leur marché est trop tendu… Faux. Il y a des bonnes affaires partout, il faut juste être patient et savoir les provoquer.

Concernant les autres sites de petites annonces : ce serait mentir que te dire que je ne les consulte pas. Mais je n'y perds pas de temps ! Je me programme des alertes précises : immeubles principalement.

Pour les petites annonces et magazines spécialisés au format papier : il m'arrive de les lire quand je tombe dessus, mais je n'y prête pas grande attention. Il est rare que les biens listés sur ces supports ne soient pas aussi sur le bon coin.

Je préfère pêcher dans un petit étang plein de gros poissons que dans un océan trop vaste pour moi.

Pendant : appeler, visiter

Oublie les e-mails, utilise ce bon vieux téléphone ! L'e-mail c'est bien, c'est rapide, mais on n'apprend rien ! Un appel téléphonique peut t'en apprendre beaucoup sur la personne qui te répond et sur le bien… Beaucoup de gens en disent trop sans que tu leur demandes quoi que ce soit.

Dès que tu repères un bien avec la technique que nous venons de voir, n'attends pas ! Appelle tout de suite ! Si messagerie, tu laisses un message.

J'essaie toujours d'être enjoué et sympa sur les répondeurs. Rien de pire qu'un message déprimant.

Ça fera la différence si la personne reçoit quinze coups de téléphone ! Présente-toi, annonce ton sérieux et ton envie de visiter rapidement. Et surtout, laisse ton numéro !

Quand la personne te rappelle pour des précisions, si tu te rends compte que le bien ne correspondra pas du tout à tes attentes, dis-le ! Pas de visite de courtoisie. Ne perdons pas de temps, la rentabilité n'attend pas !

Si tu es salarié (courage, un jour tu seras libre !), il te faudra trouver du temps pour visiter. Le mieux est d'éviter les heures de pointe des autres visiteurs. Typiquement : autour de midi, le soir après 17 heures et le samedi. Peut-être peux-tu te libérer un après-midi par semaine pour enchaîner toutes tes visites ?

Dans tous les cas, il faudra visiter, visiter, visiter... Beaucoup ! C'est une des lois immuables de l'investisseur : **VISITER BEAUCOUP** !

Outre la simple connaissance de ton marché, c'est ainsi que tu noueras des contacts, que tu provoqueras la chance...

Je ne compte plus le nombre de fois où, sortant d'une visite décevante, je décris ma recherche à l'agent immobilier... Il me parle d'un bien qui, en effet, pourrait coller... Un hypothétique bien encore secret, qui «vient de rentrer», pas encore en pub.

Dans ce genre de situation, je me frotte les mains ! Je viens d'éliminer la concurrence. Il faut réagir vite : caler une visite, voir le bien et disposer.

Tu apprendras vite à provoquer ta chance en visitant beaucoup. Pour devenir un bon chasseur, il faut... commencer à chasser.

Pendant les visites, tu dois avoir les yeux partout. Notamment au plafond (pour déceler les éventuelles fuites) et au sol (défaut de planéité, humidité). Ne perds pas ton temps, si le bien ne correspond pas : dis-le et passe au suivant !

Dans le cas d'un particulier, remercie les gens poliment. Avec un agent, ouvre la discussion sur d'autres horizons...

Si le bien te plaît, ne néglige rien. Tu dois te renseigner sur :

– État général : toiture, façade, cheminées, isolation thermique, exposition, clarté, communs, terrain...

– État intérieur : cuisine, salle de bains, murs, fenêtres, plafonds, sols, électricité, présence de VMC, décoration, possibilités de modifier les pièces, isolation phonique et thermique...

– Mode de chauffage et production d'eau chaude...

– Charges : foncier, ordures ménagères, eau, gaz...

– En copropriété : charges annuelles, derniers Procès-verbaux d'Assemblée Générale, travaux prévus, carnet d'entretien de la copropriété, appels de fonds en cours, travaux votés…

– Si loué : bail du locataire, ancienneté, détails sur la personne. Son travail, son historique de paiement…. Le rencontrer si possible.

– Emplacement : points d'intérêts à proximité, bruit, stationnement…

Tous ces éléments te donneront une vue globale du bien. Et surtout des armes pour ta négociation.

Essaie de ne pas avoir d'a priori sur l'utilisation du bien. Recherche toutes les possibilités. Ce n'est pas parce que tu visites un T6 que le bien ne peut pas se transformer en deux T3. Des combles peuvent s'aménager, un jardin se diviser en deux, etc.

Après : le point

Pour ne rien oublier – si le bien est intéressant -, je fais habituellement le point tout de suite. Quand on ne note pas les choses à chaud, on oublie des détails importants.

C'est pourquoi je te recommande d'avoir un cahier qui te suit partout lorsque tu visites. Écris tout ce qui te passe par la tête sur le bien : les points positifs et négatifs, les projections de travaux, les transformations… Des points sur lesquels t'appuyer pour négocier.

Ce petit travail va grandement te faciliter la vie. Des questions vont te venir, tu pourras les poser lors de la prochaine visite, ou par téléphone. Prépare-toi une liste de points à éclaircir…

Si tu sais déjà que tu ne donneras pas suite, ne t'embête pas à tirer le portrait complet de la visite.

Juste le prix, la superficie et la localisation pour garder une trace et comparer l'offre sur ton marché.

Question de statistiques sur tes visites… En tant qu'investisseur, c'est loin d'être ta dernière !

Sortez les calculatrices !

Quoiqu'il arrive, quelle que soit la pression que te mettent le vendeur ou l'agence, garde la tête froide !

Il y a toujours «plein de gens sur le coup» ou «beaucoup de visites», parfois même « plein d'offres »…

Pourtant : tu as visité. On ne t'a pas envoyé voir ailleurs ! Le bien est donc toujours disponible… Ne cède pas à la pression et à l'urgence. Vraie ou simulée.

Seuls les chiffres doivent parler… Les chiffres, rien que les chiffres !

Si tu hésites encore, je te donnerai plus loin quelques préceptes à suivre pour être absolument sûr de faire une bonne affaire.

Concept clé : **Il y a plus de bonnes affaires sur le marché que ce que tu ne peux acheter ! Il vaut mieux passer à côté de quelque chose que de céder à une soi-disant urgence sans avoir eu le temps d'évaluer tous les facteurs…**

Un investissement non fait ne coûte rien. Un investissement mal fait peut coûter cher.

<u>Les étapes à suivre</u> :

– Mettre en place sa propre routine de recherche et de sélection des biens.

– Toujours appeler pour se renseigner et visiter.

– Prendre le maximum d'informations, mener l'enquête.

– Faire le point à la sortie.

– Seuls les chiffres doivent parler.

– Il n'y a jamais d'urgence lors d'un achat locatif.

Agir comme un robot

Supprimer les sentiments de l'équation de l'achat. S'assurer de toujours faire le meilleur choix possible dans une situation d'investissement.

Faire son business plan

Tu connais ton secteur et tu sais maintenant dresser le portrait du client type et évaluer ses besoins.

Tu es conscient de l'impact de la qualité du bien sur ta tranquillité et sur la réussite de ton futur investissement. Tu as appris à sonder facilement ton marché, suivre son évolution et évaluer ses prix. Tu sais à quel niveau de loyer te positionner sur ton secteur. Tu connais ta capacité d'endettement et tu sais comment seront pris en compte tes futurs loyers par la banque... Tu sais donc à partir de quelle rentabilité tu acceptes d'acheter : le travail est fait !

Tous ces éléments constituent ton business plan. Il n'y a plus qu'à t'y tenir !

Pas besoin de réinventer la roue à chaque visite, chaque annonce, chaque doute... Tu n'as plus qu'à t'y référer religieusement.

Se fixer de hautes exigences

En tant qu'investisseur, tu n'es pas là pour être dans la moyenne ! Tu recherches la performance, des taux qui crèvent le plafond ! Du 12 %, du 14 %, c'est possible ! Il faut juste le savoir et vouloir y parvenir coûte que coûte... Il va falloir être fort !

Durant toute ta «carrière» d'investisseur, tu entendras des bêtises. Des gens qui se contentent de 5 %. Qui croient que 8 % c'est le Pérou ! De (mauvais) agents qui te diront que si déjà ton investissement s'autofinance, c'est le bout du monde... **NON ! C'est le MINIMUM.**

Si tu te contentes de peu, tu obtiendras peu

Si tu veux beaucoup, vise plus haut ! Chercher de grosses rentabilités va te forcer à être ultra sélectif. À négocier, à être inventif... Je ne dis pas que ça sera facile. Rappelle-toi : **c'est simple, mais pas facile**... Mais c'est clairement possible ! Des milliers d'investisseurs l'ont fait avant toi.

Ne te pose pas trop de questions sur le chiffre de rentabilité en tant que tel. Ce pourcentage ne veut finalement pas dire grand-chose, puisque pas adapté à ta situation personnelle.

Il est plus important de s'intéresser au cash flow mensuel que tu pourras obtenir. Il existe de très bons outils pour t'aider à calculer ces éléments facilement, notamment le site «Rendement Locatif» que j'utilise moi-même quotidiennement.

En guise de bonus, une grosse rentabilité va te pardonner beaucoup d'erreurs. Un chantier sous-évalué, un retard de travaux ? Pas de problèmes, j'avais prévu large ! Idem en cas de vacance locative. Contrairement à l'investisseur moyen qui sera pris à la gorge… Qui devra remettre de l'argent de sa poche tous les mois (j'appelle ça une dépense, pas un investissement). Tu seras toujours, dans le pire des cas, à l'équilibre : c'est le minimum !

N'oublie pas que nous cherchons à multiplier les investissements pour atteindre nos objectifs longs termes. Nous ne voulons pas nous bloquer à cause d'un bien raté.

La puissance de la méthode est la création de richesse et de patrimoine à long terme. Pour y arriver, il faut pouvoir enchaîner les achats…

Enlever l'affect

Qui dit « pas cher » dit souvent « avec travaux » ! Parfois, à force de visiter des taudis, tu vas te retrouver sans voix à la première façade repeinte, le premier appartement propre et lumineux… Tu te laisses envahir par la beauté de la vue, le petit jardin…

La vue paye-t-elle les factures ?

Reste objectif : la vue apporte une qualité supplémentaire à l'appartement. Je pourrais louer plus cher. Point.

Il faut que tu gardes l'œil de l'investisseur. Tu n'achètes pas ta maison ! Tu es là pour transformer un produit perfectible en produit de qualité. Tu es là pour louer à un locataire heureux qui financera ta liberté future. Seuls les chiffres doivent parler, pas les émotions.

Au bout d'un moment, surtout si tu ne trouves pas de bien potable pendant une longue période de recherche, tu vas avoir besoin d'une pause. Prends-la ! Autorise-toi une à deux semaines off. Il faut recharger ton cerveau en capacité d'analyse objective.

C'est humain : si tu visites 10 horreurs d'affilée, trop chères et sans potentiel, le premier bien passable va te paraître plus beau que Versailles ! Ne tombe pas dans ce piège.

Comme un robot, entre les variables dans ton système d'exploitation et laisse l'algorithme filtrer tous les biens visités. Un robot n'est pas handicapé par le stress, la pression, le petit jardin ou la jolie propriétaire… Que des chiffres.

Pas trop tôt !

Au début de l'automne dernier, alors que je partais en visite dans une ville voisine, je repassais devant un immeuble visité quelques semaines plus tôt... Un grand ensemble de 450m², très bien placé. Il m'intéressait beaucoup.

Je l'avais visité trois fois et avait passé beaucoup de temps à faire des projections, des plans, des devis... Avant de laisser tomber le projet faute d'une rentabilité suffisante rapportée aux dépenses de travaux.

Quelle ne fut pas ma stupeur de voir que l'immeuble arborait maintenant un gros panneau « vendu ». Quoi ? Vendu ? Il y a moins d'un mois j'étais encore tout seul sur le coup !

J'ai mené l'enquête... Pour découvrir que l'acheteur n'était autre que l'un de mes associés ! Il avait su voir un potentiel que je n'avais pas vu...

Je l'ai appelé, il m'a expliqué son projet, je suis tombé de haut. Je me suis rendu compte que j'avais un gros défaut qui me coûtait beaucoup d'argent... Il m'empêchait de juger au mieux des possibilités d'un bien.

Ce défaut m'a fait rater plusieurs affaires. Dont celle-ci, qui aurait pu être hyper-profitable si j'avais su la juger comme un robot. En l'occurrence, on parle d'un nombre à six chiffres… Encore aujourd'hui, je crois que je n'ai toujours pas encaissé cette erreur !

En plus de ça, mon défaut me faisait perdre du temps ! Beaucoup de temps, que j'aurais pu consacrer à des occupations plus rémunératrices… Comme ARRÊTER d'avoir ce défaut !

Qu'est-ce qui m'a fait ne pas acheter cet immeuble et passer à côté d'une affaire en or ? Une seule chose : je me projetais AVANT les visites.

Je faisais des calculs de rentabilité, de négociation… Je me demandais combien j'allais mettre de locataires, combien les travaux allaient me coûter. Si j'allais repeindre les communs ou revendre une partie… Tout ceci est absolument inutile.

Je n'avais pas vu le bien, je ne savais rien du dossier ! Les photos et le descriptif de l'annonce faisaient travailler mon imagination. Je perdais mon temps à rêver…

Pire ! Une fois sur les lieux, j'étais obnubilé par mes premières pensées, même quand elles étaient irréalisables ! J'occultais ainsi toutes les autres possibilités à trop vouloir voir se réaliser ma première idée.

Si j'avais dans la tête de faire, par exemple, trois appartements meublés, je ne voyais plus que ça...

Cette affaire était particulière et relève de stratégies d'achat/revente qui dépasse le cadre de ce livre, mais le problème est le même :

Ne tombe pas dans le piège de te projeter trop tôt

Sélectionne un bien prometteur par rapport à ses possibilités... Appelle, prend des infos, fixe un rendez-vous et OUBLIE TOUT... Jusqu'à la visite ! C'est le meilleur service à te rendre.

Maintenant, je me force à élaborer au moins trois scénarios différents pour chaque bien que je visite. Ça m'oblige à être créatif et à ne pas occulter de possibilités. Ça suffit parfois à faire la différence entre rien et beaucoup d'argent.

Le temps de la décision

Après la visite, tu auras les premiers éléments en main. Tu pourras vérifier les loyers potentiels, calculer une rentabilité, et surtout un cash flow.

Si tu vas plus loin, ça sera le moment de faire le budget des travaux. Avec le temps (et l'expérience), tu seras à même de les estimer tout seul… Mais si tu débutes, fais venir des entreprises.

Elles te permettront d'affiner tes réflexions : après quelques devis, tu vas prendre conscience de beaucoup de choses que tu n'avais pas identifiées au départ.

Tu verras que, dans une rénovation, tout est lié ! C'est une chorégraphie bien réglée. Les artisans te donneront des idées que tu n'aurais jamais eues tout seul… Mais les choix finaux t'appartiendront.

Pas de recette miracle, rien ne remplace l'expérience ! Les débuts seront peut-être compliqués, mais tu en apprendras un peu plus chaque jour.

N'hésite pas à faire faire beaucoup de devis avant de trouver ton équipe. Au fil du temps, tu te façonneras une « dream team » qui sera à même de t'accompagner sur le long terme, et ainsi tout deviendra plus facile.

Trop cher !

Quoiqu'il arrive, il y a des chances que le bien soit trop cher : tout est trop cher pour rentrer dans la stratégie des investisseurs ! Il te faut donc définir une stratégie de négociation et surtout ta fourchette.

Quel est le prix maximum que tu es prêt à payer pour coller avec tes projections de rentabilité ?

Commence tes propositions bien plus bas... Je sais, c'est probablement beaucoup plus bas que le prix demandé ! Mais c'est la seule façon d'obtenir ce que l'on souhaite.

Ce prix maximum est ton Graal ! Ta loi ultime... Ta seule préoccupation. Tu ne dois PAS monter plus haut. Peu importe la raison. Vraiment.

On a toujours tendance à se dire « *à 2000€ près, ça serait trop bête de passer à côté !* ». Bravo, tout à fait raison ! C'est pourquoi le vendeur devrait faire un petit effort de plus (tu viens de redécouvrir une martingale de négociation bien connue)...

Rappelle-toi le robot : le robot est programmé pour vérifier des paramètres objectifs. Il calcule et décide que la limite est, par exemple, 192.000€.

Peu importent les éléments extérieurs, la présence d'autres investisseurs, les possibilités... Le cash-flow qu'on s'était imaginé déjà encaisser ou les beaux yeux de la propriétaire ! Il proposera un maximum de 192.000€ et pas un centime de plus.

Cette rigueur te garantit le meilleur avenir possible dans l'immobilier. Il faut bien mettre une limite quelque part ! Tu sauras la placer si tu es confiant dans ton analyse et que tu es sûr de toi.

C'est à toi de placer la limite, tu es l'acheteur. Tu es en position de force, tu mènes la négociation.

Hors de question de subir les événements ! Reste fort dans ta tête.

Quoiqu'il arrive : ne JAMAIS rentrer dans les enchères contre un autre investisseur. Ignorer complètement les facteurs extérieurs.

Quelquefois, on va te dire qu'il y a une autre offre supérieure. Qu'il faut rajouter 2000€ et ça passe...

À fuir ! Les enchères sont dangereuses. Elles mobilisent l'affect, l'envie et la défiance.

Elles se font passer pour un jeu, pour mieux te faire oublier tes principes d'investissement. Elles s'appuient sur le stress et l'adrénaline… Tout ce que l'on veut éviter !

La négociation est un jeu… si c'est toi qui la mènes.

Concept clé : **Imagine que ton ordinateur investit à ta place. Le processeur ne connaît pas l'urgence ou la beauté, il ne s'intéresse pas aux facteurs extérieurs. Il traite et analyse les données pour fournir le meilleur résultat possible. Si quelque chose cloche, il coupe le programme.**

Les étapes à suivre :

– Définir son business plan.

– Éliminer l'affect.

– Rester objectif. Se poser la question : qui parle ? Les chiffres ou mes sentiments ?

– Penser au robot. Que ferait-il ?

Faire une offre et négocier

Comment gagner des milliers d'euros en une seule journée ? Comment se rembourser tout son labeur et sa formation en un claquement de doigts ?

La performance se fait à l'achat

Le prix détermine tout : il est la base de tout ton investissement. C'est lui qui fera la différence entre une rentabilité moyenne et un cash flow énorme ! C'est lui qui pourra te sauver en cas de petits soucis pendant les travaux ou la mise en location. C'est lui qui te permettra de vendre avec une plus value.

C'est une assurance puissante pour ton futur... Tu dois bien garder en tête ces préceptes quand viendra le temps de faire une offre et de réagir à une contre-offre.

On l'a vu au chapitre précédent, c'est souvent difficile de faire abstraction des projections mentales au moment de se retirer d'un dossier... Parfois il faudra dire *« non, à ce prix ça ne passe pas »* et partir sans te retourner. Peu importe ton implication passée... Le prix détermine tout.

C'est à l'achat que tu peux gagner beaucoup d'argent, en l'espace de quelques minutes… Une négociation bien menée et c'est souvent un ou deux ans d'équivalent salaire économisés.

J'aime bien penser en « *équivalent salaire* » quand je fais des affaires dans l'immobilier. Quand il m'arrive de faire la fine bouche sur une plus-value… J'aime à redescendre sur terre en me disant :

« *Waouh, ok. Tu viens de gagner l'équivalent de trois ans de smic…* ». Ça remet les choses en perspective.

Le marché n'est pas notre marché

Certains diront que les rentabilités que je présente ne sont pas réalistes… Dans leur région « ce n'est pas comme ça », et de toute façon « cette rentabilité c'est introuvable ». Je dois être un affabulateur, ou j'ai sûrement de la chance « d'être dans un secteur profitable ».

Cet état d'esprit à lui seul révèle qu'ils n'ont pas encore saisi les possibilités sur le marché immobilier. Ils ne comprennent pas qu'en effet : en faisant pareil que tout le monde, on a les mêmes résultats (médiocres) que tout le monde.

Les prix de base sur le marché sont en effet clairement en opposition avec notre méthode. Tout est trop cher. Ils sont calqués sur la valeur foncière en résidence principale, ou sur de l'investissement locatif, autour de 5 %. D'où vient ce phénomène ?

Les prix intègrent une certaine élasticité qui les fait varier autour d'un axe médian. Parfois, l'élastique se tend et se détend, en fonction des qualités des biens et de la demande.

> – Haut de gamme, belles prestations : l'élastique se tend, la traction augmente, le prix gonfle.

> – À refaire, vétuste, mal placé : l'élastique se relâche, les prix se contractent.

> – Pas beaucoup de biens disponibles sur un secteur : l'élastique se tend.

> – Trop de biens, pas assez d'acheteurs : la tension diminue…

Le marché a intégré cette élasticité. Mais c'est quoi « le marché » ? Une vague entité impalpable ? Un fantôme qui plane au-dessus des prix de l'immobilier ? Non.

Le marché est la somme de tous ses acteurs : notaires, agents immobiliers, investisseurs, propriétaires, occupants, marchands de biens, banques, particuliers… Ils détiennent tous une partie de la vérité du marché et ce sont leurs actions qui déterminent les prix.

Tous les acteurs s'accordent inconsciemment sur un consensus simple : les prix doivent se trouver dans l'espace d'élasticité. Si c'est trop cher, l'élastique casse et c'est invendable. Pas assez cher, l'élastique gondole et ne joue plus son rôle, il faut augmenter le prix.

Nous devons donc changer d'optique pour faire de bonnes affaires. En effet, en se contentant du marché basique et des règles établies, c'est l'investisseur non-rentable qui a raison : on ne trouvera jamais de bonnes rentabilités !

Think outside the box

Tu dois penser autrement. Sors de la boîte ! LE marché n'est pas NOTRE marché. Mettons en place des stratégies :

1/ S'intéresser aux biens où l'élastique est peu tendu : beaucoup d'offres, pas beaucoup de demandes.

C'est le cas des zones où le taux de logement vacant (information disponible facilement sur Internet) est important. S'il y a beaucoup de logements vides, la demande est comblée. L'élastique est détendu. L'acheteur est en position ultra-dominante. Les biens sont sur le marché depuis longtemps et ton offre arrive donc comme la sainte absolution ! Même avec une négociation a -50 %, il suffit d'oser.

Je sais déjà ce que tu vas me demander. *« C'est pas dangereux d'acheter dans un endroit où il y a plus de logements que de demande ? ».* Si c'est dangereux, si tu t'arrêtes là... Mais si tu te remémores tout ce qu'on a vu plus tôt : faire de la qualité, choisir le meilleur emplacement possible, se placer dans le haut de gamme, fournir le meilleur service... Tu diminues ton risque au maximum.

Trois-quarts des biens sur le marché locatif sont d'une qualité déplorable ! Il est facile de se démarquer en proposant mieux.

Pour t'en convaincre, joue au locataire en recherche d'appartement et va visiter quelques biens à louer… Tu vas vite voir que ça ne sera pas si compliqué de battre la concurrence.

2/ Passer par des chemins détournés : les annonces immobilières, c'est bien ; le réseau, c'est mieux ! Pour avoir un bon réseau, pas besoin d'être archi-connu… Il suffit de montrer ta tête !

Visiter beaucoup. Fouiner, parler avec les agents immobiliers et les pros du secteur.

Il est fréquent que je rentre dans une agence, complètement au hasard : pour dire bonjour, me présenter et parler de ma recherche du moment.

En cas de visite décevante, je pose toujours les questions magiques :

«Et sinon, vous n'avez rien d'autre dans le même genre ?»

« Vous n'allez pas rentrer tel genre de biens dans un futur proche ? »

« Vous ne connaissez pas quelqu'un qui aurait quelque chose qui pourrait correspondre ? »

« N'hésitez pas à m'appeler, je suis très réactif !»

Provoque la chance, sois avenant. L'immobilier te le rendra bien vite ! Tu peux court-circuiter le marché assez facilement. Il suffit de demander.

3/ Être plus rapide : Je t'ai déjà parlé des anomalies de marché. Parfois, un bien est sous-évalué.

Tu auras très peu de temps pour agir. Premier arrivé, premier servi ! Le vendeur débutant, submergé par les appels, enlèvera bien vite l'annonce...

Il n'y a pas que les particuliers qui sont source d'anomalies de marché... Il m'arrive d'utiliser une version soft de cette technique lorsque je vends un immeuble à la découpe.

Les problématiques des marchands de biens sont toutes autres et la rapidité est souvent un facteur déterminant. Ainsi, tout est vendu en moins d'un mois et on n'en parle plus ! Le temps, c'est de l'argent.

Les agences, qui aiment également faire tourner leur stock rapidement, peuvent utiliser le stratagème pour leurs clients pressés ou pour toucher une commission rapide.

4/ Acheter un lot : un immeuble, plusieurs appartements d'un coup… Comme au supermarché, quand tu prends de grandes quantités, c'est moins cher.

5/ S'intéresser à des biens « hors du marché » : Si tu es à l'aise avec les travaux, ou bien accompagné. C'est une niche très profitable…

Ce que j'appelle les biens hors du marché, c'est tout simplement : les biens dont personne ne veut !

Des taudis impressionnants qui font fuir 90 % des investisseurs… Pour cause : il faut être capable de se projeter et les projets sont lourds à mettre en place. Tu n'es ici plus en concurrence avec grand monde, tu pourras donc te transformer en maître ultime de la négociation. On te paiera presque pour débarrasser le vendeur…

Sur ce genre de biens, la prudence est de mise. Les délais sont longs, les dossiers compliqués… Pas question de se précipiter.

Il te faudra plusieurs visites, parfois une dizaine ! De multiples rendez-vous avec des artisans de tous les corps de métier. Faire appel à un architecte, un maître d'œuvre, des bureaux d'étude…

Le projet prendra au minimum un an et il faudra être capable de l'abandonner à tout moment si tu sens le vent tourner.

Il faut donc que le jeu en vaille la chandelle ! On ne travaille pas sur un tel projet pour des clopinettes.

– Activer plus que jamais en mode robot. Rester objectif. Ne pas hésiter à tout arrêter si ça ne colle pas.

– Prévoir un minimum de 20 % du coût des travaux en épargne de sécurité pleinement disponible pour parer aux aléas qui arrivent dans les grosses réhabilitations.

– Avoir déjà de l'expérience dans l'investissement locatif et du cash flow positif sur ses précédents biens. Ici, la banque sera beaucoup plus difficile à convaincre.

– Avoir beaucoup de temps libre. Le projet prendra systématiquement plus de temps que ce qui est prévu. Prévoir de pouvoir se libérer rapidement en journée en cas de problème.

Tu l'as compris, ce genre de projet ne s'adresse pas aux débutants. Par contre : qui dit gros risques dit grosse rétribution ! En échange du risque, le projet doit payer plus.

Oser négocier

Ok, tu as la bonne affaire en vue ? Tu as tout bien étudié… Le robot a fait son boulot et a déterminé une fourchette de prix où tu seras le plus rentable possible. Il est l'heure de négocier !

Même dans le cas où c'est déjà une bonne affaire, il faut demander plus. Ça pourrait bien passer.

Une bonne affaire avant négociation l'est encore plus après !

La négociation fait gagner beaucoup en peu de temps. Bien plus que toute autre activité dans le même intervalle. Imagine la puissance de la négociation sur toute une carrière d'investisseur : sur dix, vingt ou trente ans… Et autant de biens échangés ! On parle en centaines de milliers d'euros.

Tu oserais négocier pour plusieurs centaines de milliers d'euros ? Les économiser en amont, c'est les retrouver dans ton patrimoine en aval !

Ce qu'il y a de magique avec la négociation, c'est qu'on se prend vite au jeu une fois passé les blocages habituels du type *« mais que va-t-il penser de moi ? »*… Réponse : rien de spécial.

Tu as sûrement déjà vendu quelque chose ? Je parie que tu as déjà dû baisser ton prix à la suite d'une négociation… Avec le recul, tu as probablement oublié cette vente (et cette négociation). Tout ce qu'il te reste, c'est le prix final, pas ce que tu en voulais au début.

Les vendeurs sont capables d'entendre raison et de baisser leurs prix à la condition que la négociation soit objectivée et menée respectueusement.

Utilise des arguments objectifs tels que l'état, l'emplacement, les travaux à effectuer, les difficultés pour emprunter plutôt qu'un bête *« c'est trop cher »* … Tous les arguments sont bons !

Quelques petits conseils qui paient beaucoup :

1/ Avec un particulier, toujours préférer la négociation en face à face : Avec un particulier, les SMS ou Internet, c'est hors de question ! Le téléphone passe encore, mais ça n'est pas optimal… Le face à face est le seul moyen de mettre efficacement le vendeur face à ses décisions.

Un rendez-vous physique nécessite de trancher pour arriver à un résultat. C'est plus engageant et cela te permettra de « lire » ton interlocuteur pour adapter ton discours.

2/ Avec une agence : Tu peux négocier à distance. Les agences sont précieuses. Car si ton offre est bien argumentée, un bon agent la défendra bec et ongles (n'oublions pas que sa commission est soumise à la vente…).

Même si tu travailles à distance, préfère les offres écrites pour donner du poids à tes propositions.

J'envoie toujours un e-mail avec une offre écrite en pièce jointe. Ça permet à l'agent immobilier mal à l'aise à l'idée de présenter une offre massacrée de se dédouaner vis-à-vis du vendeur… Tu augmentes tes chances que ton offre soit présentée et acceptée. Voir une offre écrite a toujours plus d'impact.

3/ Ne pas avoir l'air trop intéressé : Ça paraît évident, mais tes attitudes te jouent des tours ! On a vite fait d'être emballé sur un bien qui sort du lot après dix visites moyennes et cinq offres refusées…

Poker face ! Même si tu bous à l'intérieur, prétends toujours être sur plusieurs affaires. Sois détaché… Rappelle-toi que c'est l'acheteur qui est en position de force.

4/ En fin de négociation : Souvent, rester sur un prix sans sourciller fonctionne bien. Pas besoin de toujours couper la poire en deux… Tu peux tenter la fermeté. Explique que tu es au bout de tes possibilités. La banque ne te suivra pas pour plus cher. C'est à prendre ou à laisser ! Il sera toujours temps d'y revenir plus tard…

5/ Tente le prix précis : 128.550€, et pas un euro de plus ! Une telle proposition interpelle le vendeur. Trop précise pour être choisie au hasard… Tu peux arguer que tu as tourné tes calculs dans tous les sens, tu ne peux pas aller plus haut que 128.550€. La banque a fait une simulation et te suit pour cette somme, pas un euro de plus.

6/ Invoquer une demande impossible : Signer à tout prix avant la fin du mois, faire sortir un locataire, isoler la façade avant la vente, faire une vérification totale des fondations car tu as un doute… Le vendeur sera dans l'impossibilité de répondre positivement, c'est alors le moment de proposer une baisse de prix pour compenser.

Ces techniques sont puissantes, et il y en a énormément d'autres ! Le plus dur est d'oser commencer.

Dans tous les cas, n'oublie pas que si tu ne négocies pas, tu passes à côté d'une chance que cela fonctionne !

Tu ne pourras jamais être sûr à 100 % que ta négociation aboutira… Mais tu ne seras jamais sûr non plus à 100 % que ça ne marchera pas ! Pour le savoir, il faut tenter.

Crois-en mon expérience, quasiment tous les biens sont négociables. Les petits rabais sont faciles à obtenir : -5 % ou -10 %, en général ça passe ! Le truc, c'est que nous autres, investisseurs, devons souvent faire baisser les prix bien plus que cela ! -20 % -30 % voire -40 %... Laisse au robot les calculs et tente la négociation en conséquence.

Pour enchaîner les achats, quoiqu'il arrive, nous devons faire de bonnes affaires ! Il vaut mieux rater dix négociations avant de conclure une superbe affaire que se précipiter et acheter un mauvais bien qui va nous handicaper ensuite…

Je n'achète jamais au prix demandé. C'est un sport à part entière pour moi et ça le deviendra aussi pour toi. C'est la clé de voûte de l'immobilier à haut rendement.

Pour avoir déjà frisé plusieurs fois les -50 %, je te garantis que dans ces conditions, les rentabilités ne sonnent plus pareil !

LE marché n'est définitivement pas NOTRE marché.

Si ça ne passe pas … ça ne passe pas !

Le revers de la médaille de la négociation « engagée » : c'est le refus !

Tu dois te préparer à essuyer beaucoup de refus. De l'incompréhension… De l'animosité parfois. C'est le jeu !

Nous ne sommes pas là pour perdre de l'argent. Il faut savoir dire stop quand ton vendeur ne veut rien savoir. Si ta projection t'autorise à aller jusqu'à un certain point, tu n'iras pas plus loin. Jamais !

Le robot traite les variables et se positionne. Sans affect. Si la vente peut se faire à 1000€ de plus, c'est le vendeur qui fera l'effort. En négociation, la confiance en soi paye ! Tu sais ce qui est bon pour ton patrimoine.

Rappelle-toi l'histoire des mille annonces, cent visites, dix offres… un achat ! Parfois…

Par contre, je te garantis que cet achat sera une p***** de bonne affaire !

Notre but n'est pas de faire du volume. Gardons en tête les fondamentaux de qualité et de rentabilité. Le volume vient de la répétition de nos bonnes pratiques.

Notre activité est un marathon : si tu veux pouvoir enchaîner les biens et ne pas être freiné par la banque. Si tu veux pouvoir t'enrichir le plus rapidement possible, avoir du cash flow tous les mois, des biens qui se payent tout seul. Ainsi que des locataires heureux et des problèmes anticipés...

Alors tu sais qu'il faut mettre l'accent sur l'achat, et le bon achat !

Oui, les visites prennent du temps. Oui, c'est rageant de travailler sur un dossier pour finir par ne pas acheter faute de consensus sur le prix... Mais c'est le seul moyen.

C'est au bout de ce tunnel que se trouve l'indépendance financière

Je connais plusieurs cas d'investisseurs 100 % débutants qui ont su tenir compte de ces conseils. Ils ont ainsi acheté plusieurs biens d'une qualité exceptionnelle dès leurs débuts...

Une des plus belles réussites à laquelle j'ai eu la chance de participer est celle d'un ami qui a acheté deux immeubles coup sur coup. En une année, il s'est constitué un patrimoine conséquent en partant de rien. En optimisant toutes les variables, en étant assidu, en apprenant encore et encore chaque jour... Il s'est donné les moyens de ses ambitions.

Je ne vais pas te mentir : il a mis un gros coup de collier ! Il a fallu négocier, faire des travaux, convaincre les banques...

Ses deux immeubles tournent maintenant sans encombre, il y consacre moins de cinq heures par mois. Il est récompensé de son travail par 1900€ net/net de cash flow mensuel !

C'est le salaire de sa sueur (sauf que la sueur a duré un an et que le salaire va durer bien plus longtemps !).

Devine ce qu'il projette de faire l'an prochain ?

La façon d'être

Tu dois savoir que lorsque tu te prépares à demander une baisse de prix, le plus important c'est la façon d'être. Serais-tu plus à même de négocier avec une personne agréable et charismatique qu'avec un sombre goujat ? Les relations humaines jouent en effet un grand rôle dans l'accueil de tes propositions.

Par-dessus tout, la force de la première impression : les fameuses 30 premières secondes. Autant être dans de bonnes conditions dès le début.

Même lorsque j'enchaîne quatre ou cinq visites le même jour, je fais tout mon possible pour être souriant, avenant et agréable.

Un des préceptes que je m'attache à appliquer est que l'on peut faire les choses sérieusement sans se prendre au sérieux. Ce n'est pas parce qu'on travaille sérieusement qu'il n'y a pas de place à l'humour et à la sympathie.

Nous autres investisseurs n'avons pas besoin d'écraser nos semblables pour arriver à nos fins.

Nous n'avons pas d'adversaires

– Nous analysons des points objectifs.

– Nous cherchons un accord qui soit bénéfique à chacun.

– Nous ne devons être intransigeants qu'avec nous-mêmes.

– À nous de faire comprendre nos pratiques aux gens que nous côtoyons.

Quand je commence à exposer mon prix (de départ, fortement déprécié) à un agent immobilier, il a souvent un mouvement de recul... Il me dit que « *ce n'est vraiment pas cher* » et que « *ce n'est pas le prix du marché* ».

C'est là que tout ce que j'ai pu tirer comme enseignement lors de la visite du bien va m'être utile. À moi de faire admettre des baisses, par palier, jusqu'à tendre vers mon prix de référence. Encore trop bas ? Mais après tout... Le bien est en vente depuis tellement de temps et il ne part pas...

J'aime à exposer des vérités imparables dans un élan de souriante franchise : « *Vous savez, je suis investisseur… J'avoue tout ! Je suis là pour faire une bonne affaire ! »*. Que veux-tu opposer à cela ?

L'idée n'est pas forcément d'avoir le prix demandé, mais de partir sur une nouvelle base de négociation afin d'ouvrir la discussion sur un intervalle de négociation plus raisonnable.

En ayant du respect pour tes interlocuteurs et en prenant en compte leurs remarques, tu auras énormément d'impact.

Dans une discussion argumentée : l'opposition pure et la contradiction ne fonctionnent pas. Ça provoque le débat aveugle, l'envie d'avoir raison coûte que coûte… Nous ne cherchons pas à savoir qui a raison, on cherche à avancer vers un but commun !

Un exemple de phrase puissante :

« Je comprends votre point de vue qui est tout à fait valable, cependant dans cette situation [+ une demande] »

Ce genre de formule atteint le raisonnement des gens. Elle dépasse l'opposition pure et va piocher dans le coin du cerveau qui traite la résolution des problèmes…

Tu as le même but que ton vendeur ! Que l'échange se fasse. Le vendeur veut vendre, tu veux acheter... Tout le monde est d'accord ! Le seul point de désaccord se situe au niveau du prix.

« Je comprends votre point de vue qui est tout à fait valable, cependant dans cette situation et en tant qu'investisseur : avec les travaux et la rentabilité escomptée, je suis encore à 15.000€ de mon budget. Sans compter le petit problème d'étanchéité dont nous avons discuté plus tôt. »

Je respecte ici la position du vendeur, j'expose les faits. Les chiffres sont ainsi posés : froids et bruts.

Reste agréable et souriant. Cherche sincèrement à atteindre le but commun. Prends-toi au jeu de la négociation et demande plus que ce que tu veux obtenir... Des miracles se produiront pour tes futurs investissements ! Parfois, demander plus fait obtenir plus.

N'oublie pas d'être agréable. On est là pour s'amuser et tout le monde a le même but, dans le fond !

S'il y a un refus, ce n'est pas si grave ! Juste un achat qui ne se fera pas... Après tout, c'est en forgeant que l'on devient forgeron.

Concept clé : Dans un match de baseball, quand le lanceur envoie sa balle, son mouvement détermine toute la trajectoire du vol… La trajectoire est définie jusqu'au batteur, les dés sont jetés !

A-t-il mis de l'effet dans un sens ou dans l'autre ? A-t-il lancé plus à droite, à gauche ?

Avec l'immobilier, c'est pareil : ton achat détermine toute la vie de ton investissement. Il fait la différence entre un bon et un mauvais placement.

Bien sûr, des facteurs extérieurs influeront plus tard : les changements de locataires, les impôts, les travaux… Ils sont comme le vent sur ta balle. Mais tu es le lanceur. La trajectoire est donnée à l'achat.

Les étapes à suivre :

– Oser négocier. LE marché n'est pas NOTRE marché.

– Si ça ne passe pas, abandonner. Respecter les chiffres du robot.

– Adopter la bonne façon d'être.

– Garder en tête que la rentabilité de l'investissement est déterminée à l'achat.

Peur de se lancer ?

Comprendre et analyser ses peurs. Apprendre à les dépasser pour agir sans être influencé par des pensées limitantes.

Une histoire de chat et de cerveau reptilien ...

À lire et à relire au moment de te lancer si tu es du genre à avoir du mal à passer à l'action.

Beaucoup d'investisseurs débutants souffrent du syndrome du chat qui sursaute. En fais-tu partie ?

Il est très facile de faire sursauter un chat domestique : le moindre bruit, un geste brusque et c'est gagné, le minou se hérisse et déguerpit !

Son instinct – hérité de ses ancêtres chasseurs – lui ordonne d'être toujours en alerte. Même quand il dort, ce n'est que d'un œil... Il peut toujours s'échapper en une fraction de seconde ! Même un chat né en captivité qui n'a jamais connu la faim, les luttes territoriales ou une quelconque maltraitance adopte le même comportement.

Nous sommes comme les chats : notre cerveau a hérité des problématiques de nos ancêtres. Ils ne vivaient pas comme nous dans le confort et la sécurité actuels des pays développés...

Il y a plusieurs dizaines de milliers d'années, la vie n'était pas facile. Le simple fait de se maintenir en bonne santé pendant une longue période était déjà une prouesse en soi.

Le cerveau reptilien – siège des plus élémentaires de nos fonctions – est à l'origine des comportements instinctifs de survie, tels que les réflexes d'attaque ou de fuite.

Comme chez le chat : son but est de nous garder en vie et en sécurité. Comme pour le félin, même si nous n'avons jamais connu de difficultés, plusieurs comportements instinctifs préexistent malgré tout.

Le changement comporte une part de risque et de déséquilibre. Le cerveau reptilien fait remonter l'information vers les autres couches conscientes...

Rien ne doit changer, c'est moins risqué !

Cet héritage que tu portes toujours en toi aujourd'hui est la raison de l'immobilisme. La raison de la peur du changement ! L'empêcheur de décliquer en rond !

C'est le siège du « *on a toujours fait comme ça* », terrible pour la productivité de tout groupe de personnes.

C'est lui qui t'empêche de quitter ton travail pour monter l'activité dont tu as toujours rêvé... Ou de tout envoyer en l'air à chaque envie de tour du monde.

Le moment d'acheter ton premier bien immobilier est un grand moment de stress. Tu vas te poser plein de questions et hésiter sur tout. Tu vas te dire que tu fais une grosse connerie, que tu as dû te tromper sur les chiffres...

La peur vient de la méconnaissance de ce qu'il va se passer après...

Peur de quitter ton job pour l'insécurité que cela procure ? Et si tu avais cinq ans de salaire de côté, ça changerait la donne ?

Si l'après est cadré et prévu, le cerveau reptilien est mouché. Pas plus compliqué que ça...

L'homme des cavernes aussi avait du mal à quitter le confort relatif de sa grotte pour un endroit qu'il ne connaissait pas… À cause de l'inconnu ! Allait-il retrouver un abri ? De la nourriture ? Se protéger des prédateurs ?

Apprendre pour se rassurer

Plus tu en sais et plus tu balayes la méconnaissance de ce qu'il va se passer après... Tu as déjà fait le premier pas. Il te suffit de continuer.

En devenant un investisseur, tu seras à même de prendre ton futur en main en anticipant tout ce qu'il est possible d'anticiper et en utilisant les outils que je te donne pour comprendre objectivement tes investissements.

Si tu n'es pas à l'aise, continue à apprendre ! Va sur le terrain, visite et fais-toi l'œil sur ton marché...

Tu as déjà pris un avantage formidable sur 80 % de la population. Par la seule lecture de ce livre, tu en connais déjà plus que la grande majorité des gens que tu as déjà croisés dans ta vie...

Pourtant, je n'ai pas condensé toutes les connaissances immobilières du monde dans cet ouvrage, il me faudrait vingt mille pages pour être exhaustif !

Je te donne un socle, la base solide de ta propre pyramide... Continuons de la consolider !

Le marathonien

Il n'y a pas de pression à se mettre : tu as tout le temps qu'il te faut pour te lancer. Des biens à plus de 10 % sur le marché, on en trouve tous les jours. Il suffit de savoir où regarder !

Tu es seul juge de tes investissements, il n'y a personne pour te rabaisser ou penser que ça ne va pas assez vite. Trouve un bien que tu seras fier de garder vingt ans (même si cela ne se passera probablement pas comme ça, dans les faits) !

Le marché bouge, monte et descend. Les taux aussi... Peu importe ! C'est arrivé avant et ça arrivera encore... Avec ou sans toi.

En connaissant les fondamentaux, tu sauras t'adapter et prendre en compte la nouvelle donne si nécessaire. Une base solide pour des connaissances qui ne feront qu'augmenter au fil du temps.

Habitudes, ambitions et actions

Certains commencent par des studios, d'autres (ce fût mon cas) par un immeuble. Il n'y a pas un parcours meilleur qu'un autre... Commence à hauteur de tes possibilités.

Si tu as ce livre entre les mains, il n'y a pas de hasard. Tu as commencé à provoquer la chance.

De grandes ambitions mènent à de grandes réalisations.

Il faut que tu te prépares au fait que de nombreuses personnes ne te comprendront pas. Notamment des banquiers, des agents immobiliers, tes amis ou ta famille parfois... C'est le jeu.

Certains cherchent à aller plus loin, d'autres se contentent des miettes ou n'ont simplement pas appris à faire mieux (« on a toujours fait comme ça »).

Je voudrais te parler du pouvoir des habitudes : les habitudes sont bien plus puissantes que le travail et la volonté. Tu l'as sûrement déjà expérimenté par le passé.

Faire un peu chaque jour est plus efficace que de vouloir en faire trop d'un seul coup, ne pas être assidu et se décourager...

Je n'ai pas écrit ce livre d'une traite, cela aurait été mission impossible ! J'écris un petit peu chaque jour. Mon habitude indolore me permet d'abattre un énorme travail, là où ma volonté m'aurait probablement très vite abandonné si je m'étais acharné.

Commence par éplucher les annonces, un peu chaque jour. Puis des visites… Ton œil s'exerce, ton cerveau se forme tout seul. Quand tu seras prêt, viendra le temps des offres et de la négociation. Le plus dur, c'est de commencer !

Tu verras qu'après deux semaines, le corps et l'esprit s'habituent à toute nouvelle activité. Elle devient comme une seconde nature. C'est le cas du sportif en herbe qui expérimente les pires courbatures du monde au début de son entraînement, ou du jongleur débutant qui est incapable de jongler pendant de longues heures… avant qu'un déclic ne se produise, d'un seul coup.

As-tu déjà sauté à l'élastique ? Le point commun de presque tous les sauteurs : ils sont transis de peur à l'idée même de sauter ! Ils hésitent lorsqu'ils se hissent sur le parapet… Il se passe d'interminables minutes avant qu'ils ne fassent enfin le grand saut…

Pourtant, après coup : tous sont très heureux d'avoir sauté ! Ils sont joyeux et ne regretteraient pour rien au monde leur choix. On a l'impression de ne plus être face à la même personne que celle qui devait sauter un peu plus tôt !

Qu'avons-nous en commun avec le sauteur ? L'action.

L'action guérit la peur

L'action est le remède miracle à la peur. La peur nous immobilise et nous empêche d'utiliser notre réflexion. Notre cerveau reptilien se met en mode survie... Quand nous agissons enfin, le miracle opère et nous retrouvons nos pleines capacités.

Concept clé : Je partage avec toi une citation d'un auteur américain, auteur de la méthode 80/20 (adaptation de la loi de Pareto). Elle résume tout :

« L'inquiétude n'est jamais utile. Ou on agit et on cesse de s'inquiéter, ou on n'agit pas et on cesse de s'inquiéter. »

Richard Koch

<u>Les étapes à suivre :</u>

– Prendre conscience des biais induits par son cerveau reptilien.

– Se former pour se préparer à la suite et lever ses derniers doutes.

– En faire un peu chaque jour, plutôt que se précipiter.

– Agir à la hauteur de ses ambitions.

– Penser long terme.

– L'action guérit la peur...

Qu'est-ce qu'un bon investissement ?

Sais-tu reconnaître les préceptes d'un bon investissement ? Faisons le point :

Sous le marché, tu achèteras

Acheter sous le prix moyen du marché t'assure une plus-value latente : même sans travaux, même sans rien toucher… Un rabais de 10 % est le strict minimum à viser pour compenser les frais de mutation. Tu n'as pas à rougir d'être exigeant avec tes investissements. Le but est de trouver un bien sous-évalué par rapport aux autres biens du même type sur le même secteur. Peu importe le moyen d'y arriver : travaux, négociation, réseau, achat en lot, division…

À force de visiter, tu connaîtras les prix de ton marché sur le bout des doigts. Si tu as besoin d'aide, tu trouveras facilement des statistiques sur Internet. Une simple étude comparative sur « le bon coin » t'en dira déjà beaucoup.

Viser un prix au m² compétitif, c'est une sécurité de plus pour l'avenir.

Le cash flow, ta priorité deviendra

Ta priorité absolue est de dégager un cash flow ! Les pourcentages de rentabilité, c'est bien joli pour comparer des biens entre eux, mais ça ne finance pas les investissements ! Ce qui doit rentrer dans ta poche, c'est de l'argent.

De l'argent tous les mois, après avoir payé ton crédit et tes impôts : voilà qui me parle.

Si tu débutes : pour savoir quoi viser pour atteindre une situation de cash flow avec un montage patrimonial à l'IR (pour une tranche d'imposition de 14 à 30 %) et sans rentrer dans des calculs complexes : il faut viser 10 % à 12 % de rentabilité minimum. En dessous, tu n'es pas rentable.

Bien sûr, aucun bien n'est affiché à la vente avec une rentabilité de 10 %. À toi d'être créatif pour agir sur les leviers qui vont augmenter la rentabilité :

1/ Un loyer plus haut : amélioration du bien, travaux, décoration, division, collocation, location meublée, location courte durée, petites surfaces...

2/ Un prix de revient plus faible : négociation, division, revente de lots, grosse réhabilitation, aides et subventions pour travaux...

3/ Une optimisation fiscale : créer du déficit avec des travaux, choix d'un régime à l'IS, amortissement des biens, option pour le régime réel plutôt que le forfait...

L'emplacement, jamais tu ne négligeras

Ce qu'il faut garder en tête : c'est qui sont tes locataires et pourquoi ils voudraient habiter là.

Beaucoup d'investisseurs privilégient les centres-villes… Ça n'est pas une mauvaise stratégie en termes de revente : les biens s'échangent vite. Revers de la médaille : l'immobilier est cher et la concurrence féroce !

Un emplacement en périphérie ou dans une ville plus petite peut aussi être très bon… Ce qui fait la valeur d'un bien c'est aussi ce qui l'entoure : les commerces, les points d'intérêts, les lieux touristiques, les bassins d'emploi…

Un bon emplacement n'est pas forcément le centre-ville., mais le centre-ville en est un…

Les biens doivent être en adéquation avec leur emplacement et correspondre au public visé. Avoir une école maternelle à proximité est un atout… Sauf si ton bien est une studette pour étudiant !

Des travaux d'amélioration, tu feras

Il n'y a pas de meilleur moyen d'apporter une plus-value immédiate à ton investissement (et de défiscaliser).

Tes chances de louer vite et cher augmentent. Les bons locataires sont soucieux de leur confort, ils recherchent des biens de qualité, une décoration sympa… Pile ce qu'on propose !

Les travaux feront baisser ton imposition et te permettront de revendre à un prix plus élevé en cas de besoin.

A hauteur de tes possibilités, tu t'impliqueras

Commencer d'emblée avec un immeuble est possible... Mais attention à ne pas négliger la mise en route de ton investissement : ce n'est pas parce que le dossier est bien ficelé qu'il se mettra en place sans rien faire.

Tu dois avoir en tête que le temps d'optimiser tous les rouages de ta machine à sous, tu devras t'impliquer personnellement. Il y aura des avances de trésorerie à prévoir. Les travaux devront être suivis, les entreprises guidées... Les recherches de locataires et les visites prennent du temps.

L'administratif est contraignant à mettre en place...

Attention à ne pas viser trop haut dès le début. On a tôt fait de croire que tout est trop facile et de sous-estimer le temps passé au front...

<u>Quoiqu'il arrive, voici ma règle d'or :</u>

Toujours conserver un an d'esprit tranquille

Qu'est-ce que j'entends par là ? Toujours un an de loyer de côté !

Cette épargne de sécurité te sauvera en cas de problème : retards de travaux, vacance locative, impayé, sinistre…

Elle rassurera aussi ton banquier, le convainquant encore un peu plus de ton sérieux et de ta capacité à gérer ton patrimoine comme une entreprise.

Si tu dois faire un apport, fais en sorte de garder cette somme. Si tu enchaînes les biens locatifs, additionne les chiffres.

Les incartades sous ce chiffre sont autorisées, mais ta priorité doit alors être d'y remonter rapidement. Toujours un an d'esprit tranquille ! En cas de problème, tu me remercieras…

Les charges imprévues, tu anticiperas

C'est le caillou dans la chaussure de l'investisseur. Pour les éviter, méfiance avec les copropriétés.

L'entretien des grosses copropriétés est bien plus coûteux sur le long terme. Les charges sont importantes et les gros travaux plus fréquents (gros immeuble = gros travaux).

Pour anticiper les surprises, éplucher toute la vie de l'immeuble. Tu dois demander :

– le carnet d'entretien

– les 3 derniers procès-verbaux d'assemblée générale

– le diagnostic technique

Tu auras ainsi une bonne vision de l'état général de l'immeuble et de l'ambiance de la copropriété.

En cas de vente : si des travaux ont été votés, celui qui devra les payer est le propriétaire au moment de l'appel de fonds. C'est en ce sens que la répartition légale s'exprime.

En revanche, rien n'empêche de prévoir une répartition différente au moment du compromis. On entend souvent que le payeur est celui qui a voté les travaux, mais ça n'est qu'un aménagement entre les parties. Si rien n'est précisé, c'est la disposition légale qui s'appliquera.

Il y a souvent de gros décalages entre le vote et les appels de fonds… À vérifier donc avec ton notaire et à clarifier afin que chacun sache précisément ce qu'il aura à payer.

D'une façon plus générale, hors copropriété, tu auras aussi de petits travaux à mener : un changement de flexible de douche, un chauffe-eau qui fuit, un coup de peinture entre deux locataires… C'est là qu'intervient notre réserve. Rappelle-toi, un an d'esprit tranquille ! C'est une sécurité de plus pour notre activité.

Plus ton patrimoine augmente et plus ton année d'esprit tranquille grossit. Elle devient capable de faire face à toutes les dépenses :

> – Pour un appartement loué 400€, mon année d'esprit tranquille est de 4800€.

> – Pour 5 appartements loués 400€ chacun : mon fond d'urgence est de… 24.000€ !

Les problèmes n'arrivant statistiquement pas tous en même temps, on peut alors parer à quasiment toutes les situations.

Rien ne t'empêche de faire travailler ton argent deux fois en plaçant ce fond de sécurité. Veille simplement à ce que le placement ne soit pas bloqué (ou mobilisable très rapidement).

Décidément, ton banquier va commencer à t'aimer de plus en plus…

A la liquidité du bien, tu seras vigilant

La liquidité : c'est la potentialité que le bien s'échange facilement. On dit que le bien est liquide s'il peut se revendre vite.

Cette variable augmente la sécurité de tes investissements. Ce sont tes biens les plus liquides qui seront là pour combler tes besoins en cas d'urgence.

La liquidité est la somme de plusieurs facteurs, les principaux sont :

      – L'emplacement.

      – L'état du bien.

      – La rentabilité locative.

      – La demande sur le secteur.

      – Le prix.

Toujours avoir dans un coin de la tête une revente éventuelle.

La sécurité naît de l'anticipation.

Tu sais que dans notre pays, les procédures sont longues : les compromis traînent, les banques prennent leur temps, les notaires sont surchargés... Il est fréquent qu'il s'écoule entre deux et six mois entre le moment où le vendeur accepte l'offre et le moment où l'acheteur récupère enfin les clés de son nouveau bien !

Quand tu achètes, ça n'est pas gênant, ça s'anticipe... Quand tu vends, ça peut vite devenir problématique. À plus forte raison si tu es pressé !

La liquidité te permettra de contracter les délais et d'agir sur les seules variables sur lesquelles tu as un vrai pouvoir : trouver un acheteur et vendre à un bon prix.

En phase avec ton marché, tu seras

Fais les choses dans l'ordre : avant de penser au montage du dossier, pose-toi les bonnes questions !

Le bien visé ne doit pas s'adapter à ta vision, c'est l'inverse.

La demande sur ton marché détermine l'usage à venir des lieux. Pour ne pas se tromper, va au plus simple. Définis le profil type de ton locataire en fonction de l'emplacement, du quartier, des points d'intérêts… Inutile d'aller chercher le cas particulier ! L'idée est d'aller vers le groupe le plus représenté. Tu te garantiras le minimum d'efforts pour le maximum de résultats.

Aux perspectives futures, tu penseras

Réfléchis aux perspectives et aux axes d'amélioration du bien : chacun de tes investissements sera comme ton bébé… Tu verras, on s'y attache ! Il va naître, grandir, vivre, se transformer…

Mais restons pragmatiques.

Par perspectives, j'entends l'évolution future de ton marché… Un immeuble dans une petite ville très ouvrière où l'employeur unique est une grosse multinationale susceptible de délocaliser…, ça n'est pas une très bonne perspective !

Mais ton bien aussi peut évoluer.

Restons ouverts aux bonus cachés !

Quelquefois, tu trouveras des biens avec des bonus inexploités. Les plus fréquents sont :

- les greniers

- les combles aménageables

- certaines dépendances : terrain, maison attenante, local commercial à l'abandon...

J'adore ces biens, ils sont remplis de potentiel ! Mais je n'ai pas choisi le mot « bonus » par hasard.

Ce qui n'existe pas encore ne doit pas trop entrer en ligne de compte dans tes projections.

Quand je visite, l'agent immobilier ou le propriétaire fait valoir ce genre de bonus comme un élément acquis, qui entrerait dans le prix du bien... Dans les faits, c'est compréhensible. Mais nous sommes des investisseurs !

Tu dois minorer au maximum l'impact de ces éléments dans le prix du bien. Après tout, rien n'est fait et rien n'est sûr ! Nous n'achetons pas des projections, nous achetons du concret.

Pour m'assurer un bon investissement, je ne prends pas en compte les éventuels loyers (ou revente) des bonus dans mes projections.

Cela me permettra, soit :

1/ De gagner plus si je les mets en œuvre immédiatement : création d'un appartement supplémentaire, réhabilitation et remise en location d'un local vétuste... Voilà du cash flow rapidement gagné et des travaux qui vont minorer mon imposition.

2/ D'avoir un projet viable si je diffère mes actions : il peut être bon de rentabiliser le bien un an ou deux avant d'entreprendre de nouveaux travaux, ou de revendre une partie... Ainsi, j'étale les déficits dans le temps et je diminue le montant de mes demandes de prêt.

Concept clé : Comme une voiture de collection, un bon investissement prendra de la valeur au fil du temps. Il t'assurera des revenus complémentaires et te permettra de continuer sur la voie de l'immobilier... Les investisseurs le savent, on prend vite le virus ! L'as-tu déjà attrapé ?

Continuons dans la partie suivante... Nous avons compris, nous avons appris, il est temps d'appliquer !

III. APPLIQUER

Les travaux : s'enrichir dans la poussière...

Louer plus vite et plus cher tout en maîtrisant sa fiscalité. Dégager une plus-value latente pour être en sécurité.

Faire ou faire faire ?

On se dit souvent qu'on va économiser beaucoup d'argent en faisant soi-même les travaux. En effet, tu peux ainsi arriver à un prix trois ou quatre fois inférieur à une prestation professionnelle... Mais d'autres variables entrent en ligne de compte dans l'équation :

> **– La qualité :** Nous ne sommes pas tous à l'aise avec une perceuse... Ça devient problématique quand on cherche à fournir la meilleure prestation possible au locataire. Il est dommage de bâcler toutes les finitions faute de temps (ou de compétence)... Une réalisation hasardeuse, ça se voit.

– La rapidité de mise en œuvre : Un plâtrier-peintre professionnel va peindre un plafond de 20m² en vingt minutes. Un débutant mettra plus d'une heure pour un résultat médiocre. En mettant bout à bout toutes les actions de ce genre pour terminer un chantier, on se rend vite compte du temps perdu ! Pendant ce temps, le bien n'est pas loué et te coûte au lieu de te rapporter.

– La garantie : Les entreprises sont assurées et garantissent leur travail. D'ailleurs, tu dois veiller à ce que les références de l'assurance apparaissent sur les différents devis et factures. L'assurance garantit la bonne exécution des travaux et, dans le cas contraire, la réparation complète. La protection peut s'étendre jusqu'à dix ans (la fameuse assurance décennale). Ce n'est pas négligeable pour un investisseur qui recherche le parfait point d'équilibre entre rentabilité et sécurité.

– Le réseau : Si tu tiens à suivre la méthode en profondeur et à acquérir plusieurs biens rapidement, tu dois te constituer une équipe. Certains des artisans avec qui je travaille me suivent depuis plusieurs années. Ils sont réactifs, échangent, ils se rendent disponibles et font un effort sur le prix. Ils sont force de proposition quand je vais trop loin dans mes projections, ils sont capables de chiffrer rapidement, ils m'aiguillent quand je suis passé à côté d'un détail… Sans tous ces professionnels, je serais beaucoup moins efficace. Garde en tête que pour aller loin, il faut être accompagné ! Chacun son rôle et chacun ses compétences. Au début, tu vas devoir tâtonner et « tester » des artisans. Et puis un jour, le courant passe, les prix sont bons et le travail aussi… Tu viens de te trouver un allié de choix !

« L'art de la réussite consiste à savoir s'entourer des meilleurs »

J.F. Kennedy

Un travail de forçat

Si ces arguments ne suffisent pas… je peux te proposer une solution mixte. Économiser facilement, en s'occupant d'un « sale boulot » qui ne demande pas de compétences particulières et qui coûte pourtant très cher : la démolition.

La dépose d'éléments vétustes, de papiers peints, d'anciens revêtements de sol, l'abattage de cloisons… À quoi il faut ajouter l'évacuation et le recyclage des déchets, qui nécessite un camion, voire une benne.

Les pros n'aiment pas ce travail et le font savoir en pratiquant des prix élevés. D'autant plus qu'il n'est pas question pour eux de déposer en déchetterie, c'est réservé aux particuliers. Ils évacuent donc en filière spécialisée… Tout cela n'est pas donné.

C'est un travail de forçat, fatigant et ingrat. Pourtant, les compétences nécessaires sont assez faibles.

Sur un budget serré, tu peux ainsi faire baisser la note de façon substantielle. Sans avoir d'expérience et sans prendre le risque de rater une étape clé de tes travaux.

Le taux horaire

L'expérience m'a appris, parfois douloureusement, à déléguer au maximum le travail aux gens dont c'est le métier. Si tu hésites encore, je t'ai gardé le meilleur pour la fin.

Combien vaut ton temps ? As-tu déjà fait le calcul ? Je ne te parle pas de ton taux horaire de salarié... Mais le taux que tu es capable d'atteindre quand tu donnes le meilleur de toi-même. Quand tu es galvanisé par un projet de vie qui te passionne, qui te prend aux tripes !

N'oublions pas le but de tout ça : cette philosophie n'est pas destinée à l'investisseur lambda qui souhaite un petit investissement immobilier que tout le monde peut faire...

Pour changer de vie et être déterminant pour toi et ceux que tu aimes, pour la cause que tu souhaites défendre, les habitudes que tu souhaites changer..., tu dois te libérer du système classique métro-boulot-dodo.

Une heure de ton temps vaut plus que tu ne le crois. Durant cette heure, tu pourrais bien accomplir des choses exceptionnelles, dans ta vie comme dans l'immobilier.

Durant cette heure, tu pourrais peut-être trouver l'affaire qui te fera décoller… Tu pourrais travailler sur un grand projet, ou avoir une idée de génie. Faire des visites, ou négocier une baisse de 30 % sur le prix d'un bien… Ne perds pas ton temps sur un chantier que tu ne maîtrises pas.

J'ai passé des week-ends à me débattre sans efficacité. Des journées de douze heures à abattre un travail qu'un pro aurait terminé en quatre, avec son équipe. Ne perds pas le temps que tu pourrais consacrer à ta famille, tes amis, ou quelque chose de plus grand… Le temps ne se rattrape pas.

Crois-en mon expérience et mes erreurs : l'argent gagné mis en face du temps perdu fait tomber ton taux horaire sous des seuils inacceptables pour un investisseur !

En anticipant la délégation des travaux et les dépenses engendrées dès le départ, il est tout à fait possible de s'épargner ce fardeau.

N'oublions pas non plus que les dépenses de travaux sont déductibles des revenus locatifs (en partie ou en totalité, suivant ton régime d'imposition).

Penser locatif

Maintenant que nous sommes d'accord sur la délégation, pensons locatif !

Il faut penser beau ET durable. Un locataire est moins soigneux qu'un propriétaire. Le turn-over, fréquent dans certains logements, fait aussi que le bien « s'use » plus rapidement. C'est la vétusté.

Au moment de choisir les équipements avec les artisans, mets l'accent sur le solide.

Je sais que dans ta résidence principale, ce joli mitigeur fin et ouvragé avec LED intégrées fait superbe impression, mais chez ton locataire il est surtout très fragile !

Idem pour les douches à l'italienne, très à la mode… Mais attention, les douches ouvertes éclaboussent. L'étanchéité va travailler et se dégrader plus rapidement. Peut-être vaut-il mieux préférer une porte coulissante qu'un panneau de douche fixe.

Je ne suis pas en train de te dire que les locataires sont une espèce à part de personnes maladroites et irrespectueuses, j'aime simplement la sécurité et la tranquillité d'esprit. Tu dois apprendre à l'aimer aussi pour atteindre ce que nous visons.

Une réparation de moins, c'est de la rentabilité en plus ! C'est assez facile à gérer sur quelques biens... Mais une fois que ton parc locatif va s'étoffer, les problèmes risquent de s'empiler. Autant maîtriser tous les facteurs.

Tes artisans sauront te conseiller sur les matériaux et l'appareillage. Sensibilise-les au fait que tu es sur un projet locatif et que tu veux le meilleur rapport prix/durabilité. D'ailleurs, ce qui est robuste n'est souvent pas beaucoup plus cher, contrairement à ce qui est design ! À toi d'arbitrer au mieux entre les deux pour arriver à faire solide et beau. Tu verras, c'est amusant !

La recette magique

C'est évident, un bel appartement trouve preneur beaucoup plus vite qu'un taudis. Il se loue également plus cher, ce qui n'est pas négligeable pour nous.

Fais le test sur le bon coin : définis une zone de recherche et une superficie précise.

Admire la différence de prestation de certains appartements par rapport aux autres pour un écart de 50€ de loyer… Alors qu'ils sont sur le même secteur. 50€ est une concession que des locataires sont prêts à faire si le bien est qualitatif. Mets-toi à la place des candidats, où vivrais-tu personnellement ?

Il suffit de se demander dans quoi TU aimerais vivre et appliquer la recette

L'argent n'est pas le seul bénéfice que tu retireras de donner la meilleure prestation possible à ton hôte :

- Un appartement bien entretenu, ça se remarque. En cas de dégradation, ça se remarque aussi ! Le preneur sera plus soigneux.

- Un locataire qui se sent bien reste plus longtemps. Plus de tranquillité et moins de vacance locative. Pas de paperasse, pas d'état des lieux, d'annonce, de visites... Tranquillité !

- Donner, c'est recevoir. Tu respectes ton locataire, il te respecte. Il paye à l'heure et rubis sur l'ongle.

- Tu attires un public plus qualitatif, qui a les moyens de payer plus cher pour de meilleures prestations. Les risques diminuent, la rentabilité augmente.

Suivi de chantier

Les lieux sont remplis de poussière, les entreprises à l'œuvre… Bravo ! C'est le signe que tu t'enrichis ! Bientôt, la valeur de ton patrimoine aura augmenté de façon plus importante que ton investissement total.

Pour le suivi du chantier, je privilégie la régularité. Je passe quelques minutes tous les jours, ou tous les deux à trois jours… Ça me permet de garder un œil sur l'avancement, gérer les problèmes, trancher les décisions. Il est fréquent qu'il y ait des changements en cours de route.

Tu dois être un facilitateur. Il faudra faire en sorte que tout le monde puisse se concentrer sur son travail et pas sur les problèmes de planning.

Les choses doivent se passer dans un ordre précis : l'électricien, le plombier, le plaquiste… Suivant les situations, l'un attendra l'autre pour pouvoir avancer… Même si tu n'y connais rien, pose beaucoup de questions. Il suffit de demander !

Si le plaquiste a besoin que l'électricien termine de passer ses gaines avant de refermer le doublage… à toi de relancer l'électricien et d'obtenir des délais précis ! C'est là tout l'enjeu du chantier. Au-delà des points techniques, il faut se montrer et relancer.

Si tu t'intéresses au travail des artisans, ils seront ravis de t'expliquer les détails de leurs tâches respectives. Tu en apprendras chaque jour un peu plus.

Une méthode simple pour impliquer les entreprises : note tout ! Tiens un planning, fais des croquis, envoie des e-mails groupés…

Les artisans seront plus prompts à tenir les délais s'ils constatent que leurs engagements sont répertoriés, notés, partagés et qu'ils impactent toute une chaîne de prestataires.

Demande des délais précis… Sans t'y fier ! Il y aura toujours de petits retards. Les différents corps de métiers étant imbriqués, le moindre grain de sable se répercute sur toute la chaîne. Prévois une bonne marge de sécurité de ce côté-là…

Concept Clé : Ton temps est précieux, il ne devrait servir qu'à des activités à forte valeur ajoutée, ou des activités personnelles qui comptent pour toi.

Il est plus rentable et plus rapide de déléguer, superviser et faciliter que de tout faire soi même.

Les étapes à suivre :

– Définir sa stratégie de travaux.

– Trouver son équipe.

– Penser beau, qualitatif et solide.

– Suivre le chantier de près, s'intéresser aux étapes.

– Demander des délais, insister sur la bonne tenue du calendrier.

Mettre en location

Optimiser la phase de mise en location. Louer plus cher, contracter les délais et le travail.

Un bon leasing

L'annonce est l'étape la plus importante de la mise en location. C'est elle qui t'apportera tous tes contacts et qui déterminera la qualité de ceux-ci.

Elle doit être le plus détaillée possible. Ça t'évitera de répondre dix fois aux mêmes questions.

– En ligne : Le site de référence en France est comme toujours « le bon coin ». Ne t'embête pas à poster ailleurs que sur ce support.

– Sur le terrain : Les annonces papier fonctionnent bien, si tu les places intelligemment (facs, entreprises, clubs sportifs...). Ne paie pas pour ce genre de support.

Détaille bien les prestations, le montant des charges, met en avant les points positifs… Et par pitié, un peu d'entrain que diable ! Il faut te démarquer nettement du reste du troupeau.

Rappelle-toi que nous sommes positionnés sur une fourchette de prix haute, nous devons faire envie.

80 % des annonces (et des locations proposées) sont particulièrement mauvaises. C'est assez simple de se différencier.

A faire et à ne pas faire

« Loue T4 rénové, quartier Soleil Levant, lumineux, traversant. 3 ch, 2 sdb. 94M². Loyer : 950+40€ »

Avec ce genre d'annonce, ce n'est pas gagné ! Le futur locataire ne peut pas se projeter dans les lieux, comment ainsi déclencher une visite ?

L'annonce n'est pas détaillée, tu es sûr d'être dérangé à longueur de journée pour des demandes de précisions. C'est fatigant de répondre au téléphone pour répéter quinze fois ce que l'on aurait pu écrire en une seule fois…

J'ai aussi constaté que, souvent, les gens qui téléphonent se sentent un peu obligés de venir visiter «Pour voir». Encore une perte de temps…

Sur la page suivante, je vais te donner un exemple d'annonce pour le même appartement, plus efficace. Libre à toi de t'en inspirer et de créer les tiennes sur ce modèle.

Bonjour, je vous propose à la location ce joli T4 agréable à vivre. Situé dans le quartier dynamique de Soleil Levant, rue Jean Jaurès. Au 3ᵉ étage sur 5 d'un petit immeuble familial de 8 appartements. Il est à proximité de l'école Machin. À 5 minutes à pied se trouvent le centre commercial Bidule et le cinéma Trukmuche. Vous disposerez de 94m² bien agencés comportant de nombreux rangements. L'appartement est traversant, orienté est/ouest, il profite d'un ensoleillement continu du matin au soir. Des travaux de rénovation ont été effectués en 2014 par des professionnels. Sur la photo n°1, vous pouvez voir la salle de bain principale donnant sur la suite parentale, avec 2 vasques et une grande baignoire. Les plus jeunes disposent également d'une salle d'eau partagée, donnant sur leurs 2 chambres. Les photos 2 et 3 montrent l'état impeccable de la cuisine. Au fond, un petit bar délimite l'espace avec un grand salon de 22m².

Le loyer est de 990€ tout compris, charges mensuelles incluses (40€ : comprenant l'eau, le ménage des communs, la sortie des poubelles et la taxe d'ordures ménagères). La taxe d'habitation des anciens locataires s'élevait à 850€. Pour les questions supplémentaires, je vous répondrai avec plaisir par e-mail à l'adresse

monmail@moi.com.

À bientôt

Un peu plus engageant n'est-ce pas ?

Je suis sûr que tu t'es imaginé très clairement l'appartement alors que tu n'avais pas les photos sous les yeux... C'est ce qu'on cherche !

Reste factuel et réaliste. Essaie d'arriver à une bonne description qui insiste sur les points positifs du bien mais ne mens pas sur la marchandise !

Le but n'est pas seulement de faire envie, mais de se créer une base de locataires potentiels qui correspondent au bien.

Avec ce genre d'annonces, plusieurs avantages :

– Ça donne envie ! On s'y voit déjà avec les enfants et le chat... Les gens ont toutes les informations nécessaires.

– Tu incites à traiter par e-mail : tu t'épargnes ainsi trente appels par jour pour des questions de base... Réserve le téléphone pour planifier les visites et n'hésite pas à filtrer les appels.

De bonnes photos

Pas besoin d'avoir un reflex hors de prix ou de faire appel à un professionnel, un smartphone suffit.

La photo principale est capitale. C'est elle qui incite à aller plus loin sur l'annonce... Plus encore que le titre, la superficie ou n'importe quel autre élément ! Porte une grande attention aux photos et choisis la meilleure comme image principale.

Quelques conseils simples pour améliorer tes images :

– **Prends les plus beaux endroits :** ceux qui sont vendeurs, les grands espaces. On voit trop souvent des annonces avec les toilettes ou la buanderie !

– **Éloigne les objets parasites :** réfléchis quelques secondes à ta photo, essaie de rendre les lieux attrayants. Le seau et la serpillière dans l'image, ça n'est pas très engageant.

– **Attention à la lumière :** privilégie les jours de beau temps. Ouvre fenêtres et volets, allume les lumières si besoin... Désactive le flash, tes images seront bien meilleures.

– Utilise des angles attrayants : prends du recul et tiens ton appareil horizontalement.

– Concentre-toi sur le cadrage : pas trop de sol, pas trop de plafond ! Pas d'angle de mur au centre de l'image.

– Attention à la mise au point : surtout sur un téléphone ! Les photos floues sont rédhibitoires. Clique simplement sur l'écran à l'endroit voulu pour faire la mise au point.

Optimiser les visites

La plupart du temps, avec toutes ces astuces, une journée suffira à louer.

Quand j'ai vraiment beaucoup de monde sur le coup, je planifie un après-midi dédié à la mise en location.

Tu dis aux gens : « *c'est tel jour entre 14h et 19h* » par exemple. Tu peux ainsi facilement planifier cinq à dix rendez-vous consécutifs. N'oublie pas, ton temps est précieux !

Prévois quinze minutes de battement entre chaque visite. Ce n'est pas grave si les candidats se croisent.

Pour gagner encore un peu de temps, je demande systématiquement le contact e-mail des prétendants et quelques jours avant, je leur envoie un petit rappel…

Bonjour M. Machin,

Je vous confirme notre rendez-vous du 12 février à 16h30 pour la visite de l'appartement situé 16 Rue Lavoisier. Permettez-moi de vous rappeler la liste des pièces à fournir en cas de demande de location. Ainsi, nous pourrons gagner du temps :

    – Copie d'une pièce d'identité

    – Copie des 3 derniers bulletins de salaire (ou   copie des 3 derniers bilans pour les chefs d'entreprise + Kbis de moins de 3 mois)

    – Copie du dernier avis d'imposition

    – Si vous étiez locataire : copie de vos 3   dernières quittances de loyer (Ou attestation de bon paiement des loyers)

    – Pour les étudiants ou stagiaires : Copie de la carte étudiant, convention de stage, justificatif de   versement des indemnités de stage ou avis   d'attribution   de bourse.

* Si caution solidaire : justificatifs de revenus et d'identité de la caution

En cas de réservation de l'appartement, prévoir :

    – Chéquier

N'hésitez pas à me recontacter en cas de besoin.

Cordialement

Encore du temps gagné ! Ça te donnera aussi une idée précise du sérieux des candidats.

Certains arrivent les mains vides, d'autres avec une montagne de papiers… Tu pourras choisir en connaissance de cause.

Tu peux aussi demander d'autres pièces suivant les situations. La liste est définie par les annexes du décret ALUR n° 2015-1437 du 5 novembre 2015. Voir ci-après.

LISTE DES PIÈCES JUSTIFICATIVES POUVANT ÊTRE EXIGÉES DES CANDIDATS À LA LOCATION

A. – Une pièce justificative d'identité en cours de validité, comportant la photographie et la signature du titulaire parmi les documents suivants :

> **1.** Carte nationale d'identité française ou étrangère.

> **2.** Passeport français ou étranger.

> **3.** Permis de conduire français ou étranger.

> **4.** Document justifiant du droit au séjour du candidat à la location étranger, notamment, carte de séjour temporaire, carte de résident, carte de ressortissant d'un État membre de l'Union européenne ou de l'Espace économique européen.

B. – Une seule pièce justificative de domicile parmi les documents suivants :

1. Trois dernières quittances de loyer ou, à défaut, attestation du précédent bailleur, ou de son mandataire, indiquant que le locataire est à jour de ses loyers et charges.

2. Attestation d'élection de domicile établissant le lien avec un organisme agréé au titre de l'article L.264-2 du Code de l'action sociale et des familles.

3. Attestation sur l'honneur de l'hébergeant indiquant que le candidat à la location réside à son domicile.

4. Dernier avis de taxe foncière ou, à défaut, titre de propriété de la résidence principale.

C. – Un ou plusieurs documents attestant des activités professionnelles parmi les documents suivants :

1. Contrat de travail ou de stage ou, à défaut, une attestation de l'employeur précisant l'emploi et la rémunération proposée, la date d'entrée en fonctions envisagée et, le cas échéant, la durée de la période d'essai.

2. L'extrait K ou K bis du registre du commerce et des sociétés de moins de trois mois pour une entreprise commerciale.

3. L'extrait D 1 original du registre des métiers de moins de trois mois pour un artisan.

4. La copie du certificat d'identification de l'INSEE, comportant les numéros d'identification, pour un travailleur indépendant.

5. La copie de la carte professionnelle pour une profession libérale.

6. Toute pièce récente attestant de l'activité pour les autres professionnels.

7. Carte d'étudiant ou certificat de scolarité pour l'année en cours.

D. – Un ou plusieurs documents attestant des ressources parmi les documents suivants :

1. Le dernier ou avant-dernier avis d'imposition ou de non-imposition et, lorsque tout ou partie des revenus perçus n'a pas été imposé en France mais dans un autre État ou territoire, le dernier ou avant dernier avis d'imposition à l'impôt ou aux impôts qui tiennent lieu d'impôt sur le revenu dans cet État ou territoire ou un document en tenant lieu établi par l'administration fiscale de cet État ou territoire.

2. Trois derniers bulletins de salaire.

3. Justificatif de versement des indemnités de stage.

4. Les deux derniers bilans ou, à défaut, une attestation de ressources pour l'exercice en cours délivré par un comptable pour les professions non-salariées.

5. Justificatif de versement des indemnités, retraites, pensions, prestations sociales et familiales et allocations perçues lors des trois derniers mois ou justificatif de l'ouverture des droits, établis par l'organisme payeur.

6. Attestation de simulation établie par l'organisme payeur ou simulation établie par le locataire relative aux aides au logement.

7. Avis d'attribution de bourse pour les étudiants boursiers.

8. Titre de propriété d'un bien immobilier ou dernier avis de taxe foncière.

9. Justificatif de revenus fonciers, de rentes viagères ou de revenus de valeurs et capitaux mobiliers.

LISTE DES PIÈCES JUSTIFICATIVES POUVANT ÊTRE EXIGÉES DE LEURS CAUTIONS

A. – Pour les cautions personnes physiques, une pièce justificative d'identité en cours de validité, comportant la photographie et la signature du titulaire parmi les documents suivants :

1. Carte nationale d'identité française ou étrangère.

2. Passeport français ou étranger.

3. Permis de conduire français ou étranger.

B. – Pour les cautions personnes morales les deux justificatifs :

1. Extrait K bis original de moins de trois mois de la société ou les statuts ou toute autre pièce justifiant de l'existence légale de la personne, faisant apparaître le nom du responsable et l'adresse de l'organisme ainsi que la preuve qu'une déclaration a été effectuée auprès d'une administration, une juridiction ou un organisme professionnel.

2. Justificatif d'identité du représentant de la personne morale figurant sur l'extrait K bis ou les statuts.

C. – Une seule pièce justificative de domicile parmi les documents suivants :

1. Dernière quittance de loyer.

2. Facture d'eau, de gaz ou d'électricité de moins de trois mois.

3. Attestation d'assurance logement de moins de trois mois.

4. Dernier avis de taxe foncière ou, à défaut, titre de propriété de la résidence principale.

D. – Un ou plusieurs documents attestant des activités professionnelles parmi les documents suivants :

1. Contrat de travail ou de stage ou, à défaut, une attestation de l'employeur précisant l'emploi et la rémunération proposée, la date d'entrée en fonctions envisagée et le cas échéant la durée de la période d'essai.

2. L'extrait K ou K bis du registre du commerce et des sociétés datant de moins de trois mois pour une entreprise commerciale.

3. L'extrait D 1 original du registre des métiers de moins de trois mois pour un artisan.

4. La copie du certificat d'identification de l'INSEE, comportant les numéros d'identification, pour un travailleur indépendant.

5. La copie de la carte professionnelle pour une profession libérale.

6. Toute pièce récente attestant de l'activité pour les autres professionnels.

E. – Un ou plusieurs documents attestant des ressources parmi les documents suivants :

1. Dernier avis d'imposition ou de non-imposition et, lorsque tout ou partie des revenus perçus n'a pas été imposé en France mais dans un autre État ou territoire, le dernier avis d'imposition à l'impôt ou aux impôts qui tiennent lieu d'impôt sur le revenu dans cet État ou territoire ou un document en tenant lieu établi par l'administration fiscale de cet État ou territoire.

2. Titre de propriété d'un bien immobilier ou dernier avis de taxe foncière.

3. Trois derniers bulletins de salaire.

4. Les deux derniers bilans ou, à défaut, une attestation de ressources pour l'exercice en cours délivré par un comptable pour les professions non salariées.

5. Justificatif de versement des indemnités, retraites, pensions, prestations sociales et familiales et allocations perçues lors des trois derniers mois ou justificatif de l'ouverture des droits, établis par l'organisme payeur.

Choisir son locataire

Tu as maintenant plusieurs candidats intéressés et donc plusieurs dossiers à évaluer…

Apprends à connaître les personnes en face de toi. Intéresse-toi à leurs activités, leur travail, leur façon de voir les choses… Il est important de garder une certaine distance circonstanciée, mais cordiale.

Côté finances, tant que le candidat a des revenus stables qui lui procurent au minimum trois fois le loyer, ça me va (et ça ira aussi aux assurances GRL). J'essaie surtout d'évaluer humainement la personne. Il faut créer une certaine connexion assez peu courante… Tu vas loger cette personne en échange d'un loyer.

Je suis particulièrement attentif aux réactions lorsque j'énonce mon « règlement ». Je joue toujours cartes sur table avec les candidats. J'explique que je suis réglo, que je ne les embêterai pas si tout se passe bien, que je leur fournis un logement de qualité… En revanche, il y a un seul point sur lequel je serais intransigeant : les retards de loyer.

Tu verras qu'en expliquant les choses de façon directe et sincère, tes futurs locataires seront en majorité très compréhensifs.

Dis-leur simplement que toi aussi, tu payes un crédit. Tu as donc besoin qu'ils soient toujours à jour de leur loyer. C'est en général très bien accueilli.

Profites-en pour proposer le paiement par virement automatique, car *«c'est beaucoup plus pratique que les chèques»* et *«comme ça on est sûr de ne pas oublier»*. Ton locataire sera ravi : moins de paperasse, moins de problèmes !

L'entrée dans les lieux

Tu as déterminé l'heureux élu ? Bravo ! L'argent va bientôt tomber pour récompenser ton labeur.

Il va falloir prévoir la date d'entrée et tout ce qui va avec… Comme d'habitude, pour ne pas se prendre la tête il faut anticiper.

– Quelques jours avant : Un petit e-mail ou SMS pour rappeler le rendez-vous et préciser de bien pensé à prendre un chéquier pour le paiement du dépôt de garantie et du premier mois de loyer en avance.

– Le jour même : Tu peux préparer l'état des lieux et le relevé des compteurs en avance.

Ainsi, quand le locataire arrive, tu n'as qu'à vérifier avec lui les points déjà listés en amont.

C'est beaucoup plus rapide que de remplir les informations au fur et à mesure.

Si tu loues meublé, prévois un inventaire détaillé de tous les objets présents dans le logement.

Personnellement, je rajoute aussi les prix d'achat du mobilier. Ça responsabilise mon locataire qui se rend compte des prix réels… En cas de retenue sur caution je dispose ainsi en plus d'une base de calcul validée et signée par les parties.

Prévois un double de toutes les clés, ainsi que les informations utiles : numéro de la ligne fixe de l'ancien locataire (pour souscrire Internet). Fonctionnement du détecteur de fumée, emplacement de la coupure d'eau, de gaz et d'électricité en cas d'urgence… Ces dernières précautions toutes simples feront une différence énorme si un jour elles doivent être mises en œuvre.

C'est maintenant le moment de souhaiter un bon emménagement à ton locataire. Ton bébé est enfin loué, le gros du travail est terminé !

Un petit resto pour fêter ça ! C'est le top départ de la mise en place de ton actif. Tu t'enrichis maintenant… Un peu plus chaque jour.

Concept clé : Ne laisse rien au hasard, tu es le chef d'orchestre ! Le locataire doit sentir que les choses sont cadrées et planifiées à partir du moment où il voit l'annonce pour la première fois... Jusqu'à la remise des clés.

Les étapes à suivre :

– Faire de bonnes photos. Particulièrement pour l'image principale.

– Écrire un bon texte. Factuel et qui permet de se projeter.

– Optimiser les visites. Anticiper les pièces à fournir.

– Sélectionner le meilleur profil.

– Gagner du temps sur l'état des lieux, anticipé, expliquer.

– Souffler, célébrer et... encaisser tous les mois !

Gérer ses locations dans le temps

Conserver de bonnes relations avec ses locataires, optimiser son temps et gérer efficacement les problèmes.

Des relations à long terme

Dans la plupart des cas, tu n'auras quasiment aucune interaction avec ton locataire.

Une fois dans les lieux, le loyer arrive chaque mois et ton hôte se débrouille très bien tout seul.

Nous n'allons donc discuter ici que de cas particuliers... Il est néanmoins important de les avoir en tête pour les traiter au plus vite s'ils venaient à survenir.

Même si fiscalement ce n'est pas vraiment le cas, tu as une relation de type commerciale avec ton locataire. Tu dois chercher à le satisfaire au mieux et ménager sa sensibilité. Un locataire heureux est un locataire dont tu n'entendras pas parler.

Les situations de blocage apparaissent seulement quand la communication est brisée. Tant qu'il y a discussion, il y a des avancées possibles.

Être propriétaire implique parfois un certain self contrôle.

Les travaux d'entretien

N'hésite pas à prévoir un plan de travaux d'entretien à long terme. Il vaut toujours mieux étaler que de se faire rattraper par la vétusté.

Parfois aussi, quelque chose se casse ou ne fonctionne plus… C'est comme ça ! Ne laisse pas ton bien se délabrer et répare au fur et à mesure.

Pas besoin d'attendre forcément que le logement soit vide pour faire des travaux. Il m'est arrivé de faire changer des fenêtres avec un locataire dans les lieux. Les petits désagréments engendrés le temps d'une journée ou deux sont bien vite compensés par la hausse immédiate de la qualité de vie.

À toi d'amener les choses de façon bienveillante et d'être compréhensif avec les impératifs de chacun. Explique l'amélioration de l'isolation phonique et thermique. Les coûts de chauffage qui vont baisser… Ton locataire sera ravi de l'attention que tu lui portes.

Dans ta carrière d'investisseur, il t'arrivera probablement qu'on te propose de faire de petits travaux de peinture ou de décoration en échange d'une ristourne sur le loyer... C'est tout à fait possible. Attention cependant, assure-toi des compétences de la personne !

En règle générale j'accepte car c'est engageant pour le locataire. Il est ainsi plus susceptible de rester longtemps dans le logement.

En cas de retard de loyer

Les retards de loyers sont délicats à gérer, c'est pourquoi je recommande de toujours privilégier le virement automatique. En tant que particulier, tu n'as pas le droit de prélever sur le compte de tes locataires, mais tu peux tout à fait recevoir des virements.

À toi de faire comprendre à tes locataires l'intérêt de ce mode de paiement. Et si jamais il n'y a pas de virement et que le loyer est en retard ?

C'est une situation dans laquelle j'agis immédiatement. Tu devras agir aussi ! Laisser des loyers dériver de plus en plus vers la fin du mois risque de mettre en péril la situation de ton locataire...

Viendra un moment où il y aura un mois entier de retard, ça n'est pas acceptable ! Tu as toi aussi des impératifs de crédit et de rentabilité. Pas question de devoir payer de ta poche. Dès les premiers jours du retard, je téléphone. Sans aucune pression ni animosité. Plutôt en demandant si *«quelque chose ne va pas»* ou si *«il s'agit d'un simple oubli»*. Je m'efforce de me mettre à la place du locataire qui déteste assurément cet appel autant que moi.

En effet : 95 % du temps, c'est un «oubli» qui est vite réparé. Le loyer arrive dans les jours suivants.

Plus rarement, il y a une vraie difficulté financière. C'est là qu'il faut discuter pour ne surtout pas laisser la situation s'envenimer.

Il te faudra peut-être accorder un paiement en deux fois, ou faire un étalement. Tout est possible... Mon conseil le plus important est de surtout rester bienveillant.

Je sais que c'est compliqué dans ce genre de situations, mais il est rare qu'un locataire se moque de toi pour le plaisir. Ne te torture pas l'esprit, essaie de trouver des solutions acceptables pour les deux parties.

Il vaut mieux étaler de petites sommes que de reporter un loyer en totalité... Ou pire, briser le dialogue ! Dans la grande majorité des cas la situation se règle en quelques mois. Un bon compromis vaut toujours mieux qu'un mauvais procès.

Si tu sens que tu perds pied, ou en cas de litige profond, tu peux contacter le service SOS loyers impayés de ton ADIL. Ils pourront t'aiguiller sur une procédure plus contraignante.

Cependant, ne diabolise pas : ces situations sont extrêmement rares si tu suis mes recommandations de sélection du locataire et de qualité du logement proposé. Dans toute ma «carrière» d'investisseur, je n'ai rencontré la situation qu'une seule fois. J'avais acheté en connaissance de cause (avec une grosse négociation) et j'ai fait mon affaire de la procédure. Toi-même, tu as toujours payé ton loyer n'est-ce pas ?! Choisis des locataires comme toi !

Concept clé : Un locataire heureux est un locataire qui reste longtemps, qui entretient correctement le logement et qui paie à l'heure. Ta relation avec lui sera particulière. Reste professionnel et garde toujours la tête froide.

Les étapes à suivre :

– Ne pas laisser son patrimoine se dégrader. Entretenir régulièrement.

– Étaler les travaux dans le temps.

– Être vigilant sur la date de paiement des loyers.

– Rester professionnel.

– Garder en tête que les vrais impayés sont extrêmement rares.

– Se faire accompagner en cas de litige profond.

Changement de locataire

Relouer vite et bien. Optimiser le turn-over et la vacance locative.

Le maitre mot, préparer !

Quelques mois ou quelques années se sont écoulés, un beau jour ton locataire heureux décide de partir. Changement de vie, d'affectation professionnelle, arrivée d'un enfant... Les raisons sont nombreuses. Il va falloir anticiper.

Dès que j'ai connaissance de la volonté du locataire, j'essaie de passer le voir pour un rendez-vous de préparation. C'est toujours plus simple de discuter des modalités de vive voix. J'en profite pour faire un tour de l'appartement pour déterminer si je dois prévoir un rafraîchissement.

En cas de soucis, je joue cartes sur table, ça ne pose pas de problèmes. Notre relation doit se terminer aussi bien qu'elle a commencé. Je reste le chef d'orchestre.

Profite de cette visite pour planifier des travaux si besoin. Note tout, prend des photos. Tu as quelques semaines pour trouver un artisan qui commencera le jour de la sortie du locataire (ou avant, suivant le travail). Les délais doivent être contractés au maximum, pas question de rester vacant plus de quelques jours.

Demande à ton locataire s'il est disposé à recevoir quelques candidats pour des visites. Avec ou sans ta présence. Tu peux ainsi déléguer une partie du processus... Ça ne te dispensera pas de faire ta sélection plus tard.

En cas de travaux, tu peux planifier des visites pendant le chantier. En général, le travail est léger et ça montre au candidat locataire que les lieux sont bien entretenus.

Au bout de quelque temps, tu verras que le courant passe parfois avec certaines personnes... Il y aura de belles histoires. Des familles qui se créent, des enfants, des étudiants qui trouvent leur premier job... Ça pourrait bien te faire « quelque chose » qu'ils s'en aillent pour d'autres cieux.

L'état des lieux

Prévois un vrai rendez-vous, pas entre deux portes. Compte une bonne heure de temps.

Le problème, c'est que souvent le sortant est pressé, c'est le jour de son déménagement... Dans ce cas, tu officieras plutôt en fin de journée. Si possible pendant qu'il fait encore jour, tu dois pouvoir voir clairement l'état du logement.

C'est le moment de ressortir ton état des lieux d'entrée, la liste des équipements (et l'inventaire si meublé) et de comparer. Il faudra distinguer les dégradations et l'usure normale relative à la vétusté.

1/ Les dégradations : Elles seront retenues sur la caution. Un trou dans un mur, un radiateur arraché, un meuble cassé ou manquant... C'est toujours rageant quand on est propriétaire, mais il faut rester zen ! La caution est là pour ça.

Encore une fois, joue la transparence. Il s'agit de trouver une solution amiable pour couvrir les frais de réparation.

Quand ça m'arrive : je suis réglo jusqu'au bout, j'annonce la couleur. Les gens sont capables de comprendre que quand on casse, on répare. Aussi simple que ça !

Ça n'est pas très agréable pour le locataire sortant d'apprendre que je vais devoir retenir 150€ pour réparer un pare-douche cassé… Mais c'est toujours plus agréable que de le découvrir une semaine plus tard quand je rembourserai sa caution amputée de cette somme !

Ça nous évite à tous les deux appels téléphoniques, rancœur, incompréhension… Pour le ménage non fait, c'est pareil. Pas besoin de pester !

Très ouvertement : *« Je vois que vous n'avez pas eu le temps de faire le ménage ! Je comprends. Avec tout ce déménagement, ce n'est pas évident ! Si vous voulez je ferai passer quelqu'un pour le faire, je connais une entreprise parfaite pour ça. Je retiens 80€ sur la caution et vous êtes tranquille. »*

Le ménage sera bien fait et ça sonnera beaucoup mieux que des reproches ! Compter 15€ à 20€ de l'heure de ménage en moyenne, via une entreprise.

2/ La vétusté : C'est la lente dégradation naturelle des locaux, due à l'usage normal du bien.

Une salle de bain va prendre quelques traces d'humidité, les peintures d'une cuisine jaunissent, un sol stratifié de mauvaise qualité se dégrade, un lino bas de gamme gondole et se déchire (importance du beau ET durable)... Cette usure est normale. Le locataire n'a pas à la supporter.

C'est là toute l'importance du rendez-vous de préparation. Il faudra entretenir le bien !

Ne laisse pas les choses se dégrader, sinon tu vas basculer dans une catégorie d'appartements où nous ne voulons pas nous trouver.

Avec une bonne anticipation, il me faut seulement un ou deux jours entre les locataires pour remettre un appartement en état. C'est très rapide et ça crée des déficits imputables sur les revenus locatifs.

Concernant le délai de rendu de la caution : il est de 2 mois maximum si l'état des lieux de sortie n'est pas conforme à l'état des lieux d'entrée. Un mois si tout est conforme... Dans tous les cas, c'est trop !

Je ne me vois pas immobiliser des sommes allant de 400€ à plus de 1000€ pour le plaisir ! Ça ne me rapporte rien et ça n'est absolument pas juste pour le locataire :

> — Si tout est parfait à l'état des lieux et que j'ai déjà reloué : je fais le chèque immédiatement. Les bons comptes font les bons amis.

> — Si je n'ai pas encore reloué : je temporise d'une semaine. Deux, grand maximum.

> — S'il y a des dégradations : nous déterminons la retenue et je rembourse le restant dû dans le même délai.

Conserver une caution deux mois pour le plaisir ne t'apportera rien. Si ce n'est le ressentiment d'une personne que tu es censé remercier de t'avoir enrichi. Pas sûr que ça soit le bon état d'esprit pour passer au niveau supérieur...

Relouer et retourner buller

Le processus va recommencer avec un bonus non négligeable : tu auras beaucoup moins de travail que la première fois !

Tu es maintenant au fait des procédures et des erreurs à ne pas faire… Tu as mis le doigt dans l'engrenage et tout s'est plutôt bien passé. C'est la force de l'expérience ! Apprends de tes erreurs et adapte le processus s'il y a eu des anicroches.

L'important n'est pas que tout soit parfait, c'est que tout soit fait

En tant que investisseur, tu sais que tu t'enrichis chaque jour un peu plus. Tes crédits diminuent et ton cash flow augmente tes réserves disponibles. Ton bien prend de la valeur, tu achètes à nouveau… Bienvenue dans le cercle vertueux !

La seule limite est dans ta tête. Avec de la détermination, de la rigueur et en passant à l'action, tout est possible !

Bientôt, tu passeras à la vitesse supérieure. Nous verrons comment dans la partie suivante.

Concept clé : La sortie du locataire est le début d'un nouveau cycle. Sois reconnaissant pour l'enrichissement procuré et veille à raccourcir au maximum les délais de relocation.

Les étapes à suivre :

– Anticiper la sortie.

– Contrôler l'état du bien. Planifier des travaux si besoin.

– Faire visiter le plus tôt possible, même en cas de travaux.

– Relouer tout de suite, encaisser à nouveau.

Enchainer les biens

Atteindre l'indépendance financière, décider de sa vie et de son avenir grâce à l'immobilier. Ne plus dépendre d'un travail ou de son patron pour gagner de quoi vivre confortablement.

C'est reparti !

Ton premier bien est loué et tout se passe bien ! Tu te rends compte que tu avais été un peu trop optimiste sur tes projections... Heureusement, en tant qu'investisseur, tu as été très exigeant avec ce premier investissement. Tu savais bien que c'était le plus important !

Tu dégages donc du cash flow tous les mois... Tu t'es pris au jeu ? C'est le moment d'enchaîner !

Les délais peuvent être courts si :

– Ta capacité d'endettement maximum n'est pas atteinte.

– Ton reste à vivre est correct.

– Tu as un cash flow positif important.

– Ton locataire est en place et tout se passe bien.

– Ton crédit est payé sans incident.

L'impact de ton premier bien sur ta capacité d'endettement aura été normalement faible... Il y a encore de la marge !

C'est l'importance capitale de **BIEN SÉLECTIONNER** ses premiers investissements. J'entends par là : un vrai cash flow positif et un prix au delà de tes capacités ! Pour te mettre à l'épreuve avec un bien à taille humaine, pour prouver à la banque tes talents d'investisseur, pour te permettre de recommencer rapidement...

Si tu te rends compte qu'il est trop tard et que ton premier bien n'est pas assez rentable, n'attends pas et mets en vente. Ne traîne pas un boulet dès le début de ta carrière d'investisseur.

Tout se joue avant de passer chez le notaire

Une fois la signature en bas de l'acte d'achat, ce n'est que de la gestion. Tu sais régler des problèmes ? Alors tu t'en sortiras très bien ! Par contre, en cas d'erreur à l'achat... tu ne rattraperas le coup qu'en revendant ou en rajoutant de l'argent tous les mois... Et ça, c'est complètement inconcevable pour nous autres, investisseurs !

N'oublie pas l'histoire des 70 % que la plupart des banques prennent en compte pour déterminer tes entrées locatives. Idéalement, tu devrais être capable de rembourser la mensualité d'emprunt en ne prenant en compte que 70 % des loyers. Si tu as encore plus de marge, c'est encore mieux.

Exemple : Un immeuble acheté 200.000€ tout compris (notaire, travaux). Qui rapporte 2.000€ de loyer mensuel. La banque considère 70 % de ces loyers : soit 1.400€.

Ta mensualité d'emprunt totale est autour de 1.000€.

Dans les faits, tu as 1.000€ d'excédent de trésorerie après ta mensualité. Pour la banque, tu as seulement 400€ (2.000 x 70 % - 1.000)

Tu as encore de l'excédent positif. C'est ce genre d'investissement qu'il faut viser.

Pour faire court et ne pas tout calculer à chaque fois, pour te faire gagner du temps avant de rentrer plus profondément dans un dossier, vise une base minimum de 10 à 12 % de rentabilité brute.

Ensuite, tu pourras affiner les calculs suivant le bien, le type de location visée et ton profil fiscal personnel… et estimer ton cash flow net.

Un outil tel que le site « Rendement Locatif » te permettra de projeter tous les calculs sans t'embêter à connaître les formules toi-même. C'est un gros gain de temps ! Je l'utilise personnellement tous les jours.

Je sais, 10 % ou 12 % de rentabilité, c'est élevé ! En effet, ça ne se trouve pas à chaque coin de rue…

Il faut chercher beaucoup et être sur-motivé. Faire beaucoup de visites, et beaucoup d'offres massacrées. Mais après tout, on ne devient pas riche en soulevant une pierre ! Et si des milliers d'investisseurs y arrivent… Pourquoi pas toi ?

Dans les moments de doute, rappelle-toi que d'autres l'ont fait avant toi, et le font encore tous les jours !

Néanmoins, garde en tête que les calculs de rentabilité sont secondaires. Ils ne sont qu'un élément de comparaison des biens entre eux. Concentre-toi plutôt sur le cash flow net, c'est lui qui nous rapporte de l'argent tous les mois et qui permet de se mettre en sécurité !

Reste concentré sur tes objectifs : visiter sans relâche, provoquer la chance, négocier… Si tu es constant et appliqué, les résultats ne tarderont pas à venir à toi ! Comme ils sont venus à moi.

L'idée est d'enchaîner plusieurs biens à forte rentabilité. Tant que la banque finance et que tu appliques la méthode, on continue ! Nous verrons plus loin comment faire quand tu commenceras à être bloqué…

L'importance de l'état d'esprit

Je sais que quand on est seul devant ce genre de tâche à accomplir, c'est dur de se lancer. Dur de se décider enfin. Dur de faire taire ce foutu cerveau reptilien ! Nos croyances limitantes sont si puissantes qu'il est impensable d'imaginer que c'est possible...

Il est vraiment important de se conditionner. Écrire et se répéter sans cesse nos objectifs. C'est une façon de les ancrer profondément en nous.

Pour avoir ses premiers résultats (dans l'immobilier comme ailleurs), le seul moyen infaillible, c'est de passer à l'action ! Facile à dire, mais c'est la recette magique du succès. Visiter, faire des offres, négocier... Ne pas avoir peur d'essuyer des refus ! En route pour ton premier pas en avant...

Les deux meilleurs moments pour agir ? Maintenant...
ou tout de suite !

Ce que j'ai mis du temps à comprendre, c'est que toutes les conditions ne sont jamais réunies ! Celui qui attend que 100 % des variables soient maîtrisées n'agit tout simplement jamais. C'est ainsi, il restera toujours une partie d'inconnue dans l'équation…

C'est pour cette raison que je cherche à te faire comprendre l'importance d'anticiper tout ce qui est possible. Certains détails paraissent futiles, mais ce sont eux qui te permettront d'avoir l'esprit tranquille pour gérer ceux que tu n'as pas anticipés.

Astuces réseau

Ton banquier doit devenir ton plus grand fan ! Petit à petit, tu dois le convaincre profondément de tes capacités hors normes à trouver, négocier, rénover et gérer un parc immobilier.

Il doit se dire : *« celui-là, il ne rigole pas, il sait de quoi il parle »*.

Pour y arriver, il va falloir le travailler sur la longueur. Ça ne se fera pas du jour au lendemain.

– Présente des dossiers réalistes : Tes projections doivent être réalistes et toujours intégrer une marge de sécurité. Pense à inclure un risque de vacance locative, des frais pour travaux d'entretien et plusieurs scénarios, pas juste le plus profitable.

– Présente des dossiers à ta portée : Tu connais les critères de rentabilité et tu sais déterminer ta capacité d'endettement. Tu sais ce que prend en compte la banque au niveau des loyers… Si ces points de base ne sont pas cohérents sur le papier, ça ne passera pas.

– Ne néglige jamais l'épargne : Même si tu gagnes beaucoup, même si l'immobilier te rapporte beaucoup... Épargne ! Ton épargne ravit le banquier comme le pot de miel attire l'ours glouton. Il pourra te vendre des produits de placement, te proposer des livrets...

Certes, pas très intéressants pour les investisseurs comme toi et moi, mais c'est une cartouche de plus dans les négociations !

– Reste un prospect en plus d'être un client : Essaie de ne pas souscrire tout de suite au full package : carte de crédit, domiciliation des revenus, assurance vie, PEA, livret, assurances complémentaires... Si la banque a encore des choses à te vendre, elle sera prête à faire plus de concessions pour te séduire.

– Négocie tout : Comme dans l'immobilier, tout est négociable. Il n'y a rien de figé, même quand on te dit que ça l'est ! Beaucoup de choses sont impossibles jusqu'à avoir un patrimoine suffisant pour qu'elles le deviennent... C'est hallucinant. Le banquier est un commerçant. Comme n'importe quel commerçant, il est capable d'accorder de grandes largesses à ses meilleurs clients.

– Sois un bon élève : Dis merci et rend compte. À chaque projet financé et terminé, j'envoie à mon conseiller un rapide e-mail de remerciement, accompagné de quelques photos des travaux avant/après. Ça ne coûte rien et ça l'implique dans mes projets.

– Fais jouer la concurrence : De temps en temps, une petite offre d'une banque concurrente avec de meilleures conditions peut aider à remettre les choses dans leur contexte…

Par-dessus tout, ce qui te vaudra d'être vraiment apprécié des gens avec qui tu travailles (banques, entreprises, agences immobilières…), ce sont les petites attentions simples.

Comment réagirais-tu si tu recevais un petit carton de remerciement, signé d'un mot gentil et personnalisé qui explique à quel point j'ai eu plaisir à travailler avec toi et comme j'ai hâte de recommencer ?

Avec ce genre de petites attentions, tu marques profondément tes partenaires ! Ils te voient instantanément comme un allié, un ami qu'il faut aider à atteindre un but commun.

C'est comme cela que tu bénéficieras des meilleures conditions, que tu profiteras de délais plus courts ou de possibilités de visite en avant-première… Les gens auront naturellement envie de t'aider !

Quand quelqu'un me fait gagner beaucoup d'argent, il est fréquent que je lui envoie un cadeau.

Concept clé : La citation de Kennedy que nous avons vue plus tôt « L'art de la réussite consiste à savoir s'entourer des meilleurs » fonctionne dans les deux sens… SOIS toi-même le meilleur dont les autres ont envie de s'entourer !

Les étapes à suivre :

- Mettre le paquet pour réussir ses premiers biens.

- Garder un état d'esprit ouvert et conquérant.

- Peaufiner ses relations bancaires.

- Soigner son réseau.

Evaluer son patrimoine et arbitrer

Chiffrer ses avancées et mettre ses performances passées au service de son futur.

Pourquoi ?

Parce que le plus dur, c'est le premier million ! C'est tout simple : l'argent appelle l'argent.

Il est important de chiffrer ton patrimoine pour mesurer tes avancées et faire évoluer ta stratégie au fil du temps… Si les chiffres grossissent régulièrement, je te garantis que tu seras plus motivé que jamais.

A faire régulièrement

Je te conseille de le faire une fois par an au début... Puis une fois tous les six mois quand ton patrimoine s'étoffe. C'est un moment que j'adore ! Je fais les comptes, presque religieusement... Je sais d'avance que je vais trouver un chiffre supérieur à la dernière fois. Je sais d'avance que je vais repartir rempli d'envie, plein de détermination pour passer à l'action vers les prochains défis !

Je profite de ce moment pour calculer mon taux d'endettement et vérifier mon reste à vivre. Je modifie mes virements automatiques, je cherche des leviers d'optimisation fiscale, je me pose la question d'un éventuel arbitrage... Bref, un check-up complet de ma santé financière.

N'hésite pas à joindre ce genre d'estimation à tes futures demandes de prêt. C'est la preuve d'une gestion attentive et un gage de sérieux supplémentaire pour ton banquier. Les banques fournissent en général une déclaration de patrimoine type, mais un document bien élaboré montrant les taux de progression du patrimoine brut, net, le taux d'endettement compensé et le taux d'épargne fera bien meilleur effet...

Comment ?

Un bon vieux tableau, tout simplement ! Avec Excel ou même à la main si tu n'es pas particulièrement à l'aise avec l'outil informatique. L'important, c'est le contenu.

Il s'agit de mettre tous tes actifs (immobilier, mobilier, épargne, or, sociétés...) en face de tes passifs (crédits, dettes...).

Pour la partie immobilière : à l'aide des tableaux d'amortissement de tes crédits, tu peux savoir exactement combien il te reste à payer sur tes emprunts. Tu ne prendras donc dans ton patrimoine net que la valeur résiduelle, emprunt déduit.

En tant qu'investisseur, il est très probable que tu aies acheté sous le marché... Tu as aussi certainement effectué des travaux qui ont fait augmenter le prix du bien. Il faudra donc réévaluer ce prix. Reste objectif, ou demande un avis de valeur à une agence, à ton notaire, ou à un expert.

Procède ainsi pour tous tes biens.

Tu connais donc la valeur de tes actifs immobiliers : la valeur de tes dettes = ton patrimoine immobilier. Auquel s'ajoutent les autres éléments de ton patrimoine : l'épargne, les objets précieux, titres de sociétés, or, etc.

Si tu as suivi la méthode de ce livre, ce chiffre devrait être en augmentation régulière.

Le meilleur pour la fin : plus ton patrimoine sera important et plus tu profiteras de l'effet d'accélération des intérêts composés. C'est l'effet boule de neige ! L'augmentation est exponentielle en fonction de la masse de capital placée à concurrence du temps de placement.

Ça n'est pas un mythe... L'argent appelle l'argent !

Concept clé : Un architecte à besoin de connaître la résistance des étages inférieurs ainsi que des fondations avant d'ajouter un étage de plus au sommet de sa tour...

En évaluant régulièrement ton patrimoine, tu disposes de toutes les informations nécessaires pour t'élever toujours plus haut.

<u>Les étapes à suivre :</u>

– Évaluer à intervalle régulier.

– Fournir les chiffres à la banque pour appuyer les nouvelles demandes.

– Mesurer le chemin parcouru.

– Anticiper pour pouvoir ajouter d'autres étages à sa tour. Augmenter ses prétentions.

Retourner voir la banque, racheter, profiter...

Les clés du niveau supérieur... Les portes s'ouvrent et les conditions changent.

Dites trente-trois

Avec un patrimoine en hausse et de bonnes rentrées d'argent, tu parviendras à dépasser le fameux seuil théorique des 33 % d'endettement.

<u>**Le franchissement de ce seuil est principalement soumis à deux conditions :**</u>

– Ton expérience immobilière est prouvée. La banque sait que tu es un bon acheteur et un bon gestionnaire. Tu l'as prouvé à plusieurs reprises et ton conseiller te fait confiance.

– Ton reste à vivre (l'argent qu'il te reste chaque mois après avoir payé tous tes mensualités et frais fixes) est nettement supérieur à tes dépenses réelles. Tu épargnes des sommes significatives et tu vis en dessous de tes moyens.

Alors, les 33 % s'envoleront… D'ailleurs, c'est loin d'être le seul critère d'évaluation de tes demandes de prêt. Il n'est même pas calculé de la même façon par tous les établissements !

Deux calculs, deux résultats

Le plus répandu est la non-compensation des revenus :

Le taux d'endettement est égale à :

$$\frac{\text{mensualités du prêt}}{(\text{revenus} + \text{loyers nets hors charges})} \times 100$$

(Les « loyers nets hors charges » correspondent aux fameux 70 % du loyer net de charges)

Exemple : Je demande un crédit de 120.000€ pour financer un bien qui rapportera 750€ de loyer net. La mensualité de crédit est de 610€. Mon salaire net est de 2.000€.

$$\frac{610}{(2000 + (750 \times 0,7))} \times 100 = 24,16\%$$

Soit 24,16 % de taux d'endettement : avec ce mode de calcul, le taux d'endettement ne peut jamais baisser puisque les loyers **ne compensent pas** les mensualités, mais s'ajoutent aux revenus.

C'est le calcul le plus défavorable et le plus répandu, à privilégier dans tes projections.

Plus sécuritaire, il s'applique dans la plupart des établissements bancaires comme seule alternative…

Dans les autres, il sera la plupart du temps appliqué aux débutants le temps que la banque se rende compte de leur capacité à être de bons gestionnaires.

Le niveau supérieur, c'est la compensation des revenus :

Le taux d'endettement est égale à :

$$\frac{\text{mensualités du crédit} - \text{loyers hors charges}}{\text{revenus}} \times 100$$

Même exemple : Je demande un crédit de 120.000€ pour financer un bien qui rapportera 750€ de loyer net. La mensualité de crédit est de 610€. Mon salaire net est de 2.000€.

$$\frac{610 - (0,7 \times 750)}{2000} \times 100 = 4,25\%$$

Soit 4,25 % de taux d'endettement : on voit très clairement la différence d'impact sur le taux d'endettement. Les loyers compensent la mensualité. On peut ainsi parvenir à ne pas faire augmenter son endettement si 70 % des loyers égalent la mensualité.

Si 70 % des loyers sont supérieurs aux mensualités, le taux d'endettement peut même diminuer.

C'est le Graal de l'investisseur que nous souhaitons être ! Mais attention, les banques qui l'appliquent sont minoritaires. Il faudra faire ses preuves. Avoir un bon scoring et un bon reste à vivre...

Encore et toujours, j'insiste sur la nécessité de faire de bons premiers investissements ! Ce calcul ne te dispense surtout pas d'être exigeant et de générer de gros cash flow nets... Dans le cas contraire, tu n'y auras jamais accès.

Oublie donc ce que je viens de t'expliquer ! Continue de faire tes projections avec le système le plus défavorable et ne fais pas de plan sur la comète. L'action, c'est maintenant ! Chaque chose en son temps...

Carton jaune !

La question de l'arbitrage se posera un jour ou l'autre... Autant t'y préparer.

Si tu es déjà un peu plus avancé dans l'immobilier, il est très probable que tu aies déjà eu à arbitrer tes actifs.

Arbitrer c'est évaluer si – oui ou non – il faut se dessaisir d'une partie de ses actifs. En clair, vendre !

Pas pour le plaisir... Pour aller plus loin !

Trop d'emprunts sur une seule tête s'avèrent dangereux pour le prêteur. Même si tu gères bien, même si tu es bon... Il reste tout de même un petit risque résiduel (décès, incapacité, folie, erreur de gestion démultipliée par les encours...).

La banque est là pour gagner de l'argent certes, mais pas pour financer des millions d'euros au hasard. Sa préoccupation principale est le niveau de risque.

Il va donc falloir ruser. Quand viendra le blocage, on va revendre une partie de nos biens.

Les moins rentables, ou ceux qui grèvent le plus notre capacité d'endettement... Ou encore ceux pour lesquels nous n'avons plus de perspectives de déficit à défalquer sur notre imposition... Chaque cas est particulier et doit s'étudier de près.

Si tu es propriétaire d'immeubles, tu peux revendre une partie des appartements pour rembourser le crédit et conserver du patrimoine net d'emprunt. J'affectionne tout particulièrement cette technique.

Mais attention, créer une copropriété est contraignant. On n'est plus le seul maître à bord ! Il y a beaucoup de démarches à connaître... D'éventuels travaux à mener lors de la découpe vont impliquer des coûts non négligeables.

Tes impôts vont également augmenter du fait de l'arrêt des déductions des intérêts d'emprunt... Mais le cash flow ainsi augmenté compensera une partie de cette fiscalité.

Quoiqu'il arrive, quand on gagne, on paye ! C'est le jeu. Il subsiste heureusement bien des leviers de défiscalisation pour qui s'y intéresse...

Tu pourras également donner ton bien en contre-garantie pour obtenir plus de crédit. En bonus, ta capacité d'emprunt sera restaurée.

Dans tous les cas, un actif qui ne supporte plus sa contrepartie passive, c'est du patrimoine cash et un sacré raccourci vers l'indépendance financière !

À force de faire appel à l'effet de levier du crédit encore et encore, euro après euro… ton parc immobilier va grossir beaucoup plus vite que ce que tu ne pourrais obtenir seul ! C'est un multiplicateur énorme…

Tu as fait le plus dur ! Chaque augmentation de ton patrimoine présent va travailler à augmenter ton patrimoine futur. Plus le temps passe et plus ça deviendra facile.

Level up !

À un moment donné, à force d'appliquer sans relâche les méthodes de ce livre, à force de réévaluer, d'arbitrer et de progresser… tu vas passer un cap. Tes encours vont augmenter, tes locataires vont t'aimer, ton banquier aussi.

Ça ressemble à quoi l'indépendance financière, le niveau supérieur ?

Il n'y a pas vraiment de moment où tout bascule… Pas d'étage secret dans ton agence bancaire où des gens fortunés boivent du champagne et fument des cigares.

Toutefois, quelques indices vont te mettre la puce à l'oreille : ton conseiller est beaucoup plus rapide à traiter tes dossiers. Il te propose une carte bleue qui n'est plus bleue… Tu es invité aux événements, cocktails, expositions et spectacles organisés par la banque pour ses partenaires. Le directeur d'agence traite directement tes demandes et les envoie personnellement vers le niveau décisionnel supérieur…

Tout ça peut arriver, par le simple fait de fournir des logements de qualité à des locataires heureux !

Tout ça peut arriver, en agissant de façon humaine et pragmatique… À force de détermination, d'envie et de passion.

À ma connaissance, l'immobilier est l'un des seuls moyens (avec l'entrepreneuriat) pour arriver à un niveau élevé de patrimoine, rapidement et en ne partant de rien.

Donner c'est recevoir

Tu donnes de la qualité, tu reçois. Ça se vérifie toujours.

Tu recevras un peu plus chaque jour, à la seule condition de t'en donner les moyens. J'espère que tu as su saisir cette dose de détermination que je te confie. Le moment est venu...

Peu importe ton niveau dans l'immobilier, tes expériences ou ton vécu. On n'en sait jamais assez !

Rester dans une démarche continue de formation et d'apprentissage tout au long de la vie te guidera vers les sommets.

Le long de ton chemin, tu feras des rencontres. Des gens t'aideront et te feront avancer. D'autres, adeptes de l'immobilisme, ne sauront que critiquer... Laisse-les sur le côté ! Nous ne sommes pas comme eux.

Parfois aussi arrive une belle histoire. Des amis, de belles rencontres, des associés à venir... Ne négligeons pas le côté humain. L'exigence nécessaire au bon déroulement de notre activité ne nécessite pas d'écraser qui que ce soit.

Les investisseurs comme toi et moi visent l'enrichissement personnel. Nombre de lecteurs ont des objectifs de rente chiffrée... Mais l'enrichissement est vain s'il ne sert à améliorer ta vie (et celle de tes proches) !

Je pense qu'il est important d'être toujours conscient de la chance que nous avons. C'est pourquoi je crois au bénéfice de rendre une partie de ce que l'on obtient... Sans attendre quoi que ce soit en retour.

Tout le monde peut donner : du temps, du savoir, de l'aide, du soutien, des conseils, de l'argent...

Quand tu donnes, tu reçois. C'est une sorte de juste retour des choses pour l'investisseur accompli : qualité, partage, liberté.

Pense à donner et à partager ton savoir au fur et à mesure de ton chemin. Ça provoque de belles choses à tous les coups.

Utiliser son temps

Tu auras peut-être du mal à lâcher prise, je suis aussi de ce genre-là...

Forcément, ce que l'on fait est aussi notre passion ! Ou ce que l'on a fait par le passé nous permet de vivre notre passion, aujourd'hui. Finalement, on ne travaille jamais, on fait des projets, on s'amuse...

Toujours mille idées dans la tête !

Les autres, eux, ne sont pas dans nos têtes... Pas toujours facile de ne pas négliger nos relations personnelles pour poursuivre un but lointain...

Le but est comme la base de l'arc en ciel : il s'éloigne à chaque fois que tu t'en rapproches car il évolue avec toi.

Le but est dans le chemin, pas à l'arrivée

Ryan Holiday

Si tu ne te sens pas encore à ce stade d'accomplissement personnel, ce que nous avons vu plus tôt est encore plus important.

Les objectifs ! C'est pour ça que je t'ai demandé de les déterminer précisément. Tes objectifs sont quantifiables, atteignables… Contrairement à un but flou et lointain.

Par exemple : Ton but est d'être riche ? Mais c'est combien « riche » ?

Voilà tout l'intérêt de déterminer ses objectifs. Sinon le risque est de courir sans fin. Courir vers un but inatteignable, car non déterminé.

100.000€ quand tu n'as rien, c'est déjà la richesse ! Une fois sur ton compte, les choses changent…

On ne devient pas « riche » car une fois rendu à un million, tu ne te sentiras toujours pas vraiment riche… Tes besoins auront augmenté, il t'en faudra plus.

Quantifier et définir tes objectifs précisément te permettront d'être plus efficace. Même si ton objectif est d'atteindre un million de patrimoine : c'est un chiffre précis. Un concept défini.

Tu choisiras ensuite le prochain défi une fois sur place…

Pour t'aider dans la rédaction de tes objectifs, pose-toi la question du « pourquoi » :

– Je veux être riche. Pourquoi ?

– Pour arrêter de travailler. Pourquoi ?

– Car je n'aime pas mon travail. Pourquoi ?

– Car je veux monter une entreprise. Pourquoi ?

– Pour faire telle chose qui me tient à cœur. Pourquoi ?

– Pour gagner plus grâce à une activité qui me plaît vraiment. Pourquoi ?

– Pour prendre ma retraite plus tôt. Pourquoi ?

– Pour faire le tour du monde.

Tu comprends la force du pourquoi ? Dans cet exemple on peut ainsi déterminer plusieurs objectifs concrets : lancer sa boîte. Se mettre en retraite à tel âge. Faire le tour du monde.

Ce n'est pas un vague « être riche ».

Qui sait, en continuant les pourquoi… on pourrait bien en venir à décider de partir autour du monde dès maintenant.

Peut-être qu'une fois les premiers objectifs atteints, tu opéreras un virage à 180 degrés… Ou peut être en fixeras-tu d'autres, encore plus ambitieux !

Quoiqu'il arrive, n'oublie pas de lâcher prise de temps en temps et d'apprécier le chemin. Il y a souvent beaucoup de choses à voir sur le bas-côté.

Concept clé : Comme l'architecte et sa tour… Il arrive qu'il faille supprimer un étage pas assez solide pour repartir sur de bonnes bases. Il arrive qu'il faille faire une pause pour ne pas épuiser les ouvriers… Et parfois, tout s'accélère et le chantier repart de plus belle. Tout n'est pas figé dans le marbre : rester à l'écoute, ne pas se reposer sur ses acquis et continuer à apprendre chaque jour pour se garantir les meilleures chances.

Les étapes à suivre :

- Arbitrer pour progresser.

- Passer au niveau supérieur.

- Donner pour recevoir.

- Préciser ses objectifs.

- Apprécier le chemin parcouru, savoir profiter avec ses proches.

Merci papy

L'argent n'est qu'un outil. Un multiplicateur, un vecteur de liberté, une énergie dédiée à rendre la vie plus facile...

Je voudrais partager avec toi une petite histoire qui m'a marqué.

Un beau jour du printemps 2015, je discutais avec un de mes mentors. Ami dans la vie et associé de toujours... C'est celui-là même qui, quelques années plus tôt, m'avait mis le pied à l'étrier dans l'immobilier.

Notre rendez-vous ressemblait à tous les autres : une visite d'immeuble puis un café dans un bar non loin de là, pour faire le point.

Je connais le film par cœur ! Chacun sur son bloc-notes. Nous griffonnons des chiffres et des chiffres, essayant de déterminer le meilleur scénario. Nous projetons les solutions les plus inventives et tous les montages possibles pour tirer le maximum des possibilités du bien. Le barman nous observe d'un air hagard. Je me frotte les yeux... Un deuxième café.

Moue dubitative... Sans s'être consultés outre mesure, nous fermons les blocs. Trop de contraintes, pas assez de rentabilité. Ça ne sera pas pour cette fois.

Comme souvent, notre rendez-vous de travail dérive sur l'apéritif. Nous voilà partis à planifier des voyages, une autre de nos grandes passions. Entre deux coupes, mon associé me dit qu'il part (encore !) à Montréal, où la vie est douce et les gens charmants... Et pourquoi ne pas investir à l'étranger ?... L'esprit de l'investisseur opportuniste n'est jamais bien loin !

Pour le voyage, ce sera « en business bien sûr ». Question de confort et de juste récompense du travail accompli !

Je rétorque que je préfère économiser, que c'est de l'argent jeté par les fenêtres ! Il faut rester concentré sur les objectifs... Il y a plus de 1.000€ d'écart avec un billet classique. Je pourrais les placer, les faire travailler, les investir dans mon compte titre ou faire un apport sur un bien...

Pourquoi les sacrifier pour quelques heures de plaisir ?

Mon ami, l'air grave, m'a alors révélé un précepte que son grand-père lui avait enseigné lorsqu'il était plus jeune.

J'ai beau être un investisseur, passionné d'immobilier et plusieurs fois chef d'entreprise.

J'ai beau adorer l'argent et encore plus le processus qui conduit à en gagner... Parfois, je vais trop loin. Je néglige les gens que j'aime et qui comptent pour moi. Parfois, je m'égare. J'oublie de partager, de donner, de savoir ralentir et d'éteindre mon téléphone.

Ce petit précepte tout simple résonne en moi depuis des années... Quand j'oublie que l'argent n'est qu'un outil et pas une fin en soi, je me remémore les paroles de papy. J'espère qu'elles te seront également utiles :

«On n'a jamais vu un coffre-fort suivre un corbillard...»

Concept clé : **Viser le ciel est une qualité. Une fois en altitude, ne pas oublier que l'argent n'est pas une fin en soi. À nous de l'utiliser pour ce qu'il est : un outil qui amplifie tout. La bonté comme la bêtise, l'envie comme la jalousie, la faiblesse comme la détermination...**

Après propos

Je n'ai pas la prétention de vouloir tout t'apprendre avec ce livre. Il y a bien trop de choses à voir, de spécificités à dompter et d'ouvrages de référence sur le sujet... J'ai plutôt cherché à ouvrir une porte, différemment.

Trop d'investisseurs débutants se décident à acheter de l'immobilier sur des suppositions ou des recommandations pas très fouillées, alors que l'activité est très exigeante ! Il n'est pas question de simplement acheter et attendre que le temps passe. Autant jouer à la loterie...

L'investissement immobilier se mûrit, se réfléchit, s'étudie comme une activité à part entière. Avec une récompense non négligeable pour qui veut se donner la peine : l'indépendance financière est au bout du chemin.

C'est un voyage passionnant, dans lequel tu apprendras chaque jour. Une sorte de jeu dont il faut saisir les principes et avoir en tête que la partie se joue au long cours.

Si tu lis ces lignes, tu fais déjà partie d'une minorité. Une minorité qui a décidé de se bouger et qui va jusqu'au bout des choses. La majorité des gens qui commencent un livre ne le finissent jamais...

Au-delà du premier petit pas, il faut mettre ensuite un pied devant l'autre pour avancer !

En guise d'ultime recommandation, je ne peux que t'inciter à garder précieusement ta curiosité et ton envie d'aller plus loin dans la compréhension du marché immobilier. La formation ne s'arrête jamais. Tout au long de la vie, c'est elle qui nous permet d'aller plus vite, plus haut...

J'en apprends moi aussi encore un peu plus tous les jours, sur le terrain et à ton contact. J'espère avoir le plaisir d'échanger avec toi à l'occasion d'une rencontre immobilière.

« Toute personne qui investit dans un bien immobilier attentivement sélectionné, dans un quartier en croissance d'une ville prospère, adopte la méthode la plus sûre pour devenir indépendant financièrement, parce que l'immobilier est à la base de la richesse. »

Théodore Roosevelt